GUILBERT DE PIXERÉCOURT

SA VIE, SON MÉLODRAME, SA TECHNIQUE ET SON INFLUENCE

PAR

WILLIE G. HARTOG

DOCTEUR DE L'UNIVERSITÉ DE PARIS

PARIS

LIBRAIRIE ANCIENNE

HONORÉ CHAMPION, Éditeur

5, QUAI MALAQUAIS

1913

GUILBERT DE PIXERÉCOURT

TO MY FATHER AND MOTHER

AVANT-PROPOS

Notre curiosité avait été souvent attirée par l'évolution du théâtre populaire en France à la fin du XVIIIme siècle et pendant le XIXme. Nous nous en étions déjà préoccupé à Londres, et, peu à peu, la personnalité de Pixerécourt s'est précisée à nos yeux. Il nous a semblé qu'un préjugé naturel aux érudits et aux lettrés avait nui à la réputation de cet érudit, de ce lettré, dont le tort unique fut de parler au peuple un langage qui était celui du peuple, malgré son emphase et sa grandiloquence.

Tandis que l'éloignement nous permet de juger maintenant, avec un peu moins de parti-pris, classiques et romantiques, une prévention défavorable persiste contre l'œuvre de Pixerécourt. C'est peut-être parce que le mélodrame vit encore (souvent sous une autre étiquette), parce que les feuilletons qui s'étalent au bas des journaux à un sou offrent toujours aux auteurs dramatiques de nos jours un ample choix de sujets. L'idée de " mélodrame " nous fait toujours penser par surcroît à un public de mise négligée, encombrant les galeries des théâtres, tendant le cou pour distinguer, comme au fond d'un puits, les acteurs aplatis sur la scène par la perspective plongeante,

saluant par des huées et des défis l'entrée du " traître ",
et applaudissant frénétiquement aux paroles vertueuses
de l'héroïne persécutée. Cette sincère émotion nous
semble grossière, et nous excommunions tout naturellement, inconsciemment pour ainsi dire, l'auteur qui
écrit pour ce public, et qui flatte ses goûts primitifs au
lieu de faire son éducation. Et pourtant quel artisan se
dévoua, se consacra plus ardemment à son œuvre que
Pixerécourt ? Ses connaissances encyclopédiques, ses
expériences d'une vie en même temps littéraire et
mélodramatique, sa fécondité à la Dumas père, son
imagination qui imposait un certain renouveau d'originalité aux sujets les plus rebattus, faisaient de Pixerécourt un homme fatalement voué au genre qui le
rendit célèbre. Il y vit une mission intellectuelle et
morale et, sa foi religieuse aidant, il crut tenir du
droit divin le sceptre de carton doré qu'il trouva
dans le magasin aux accessoires.

Ce prosélytisme le rend singulièrement sympathique, d'autant plus qu'il semblait prévoir l'ostracisme
dont la haute critique devait nécessairement le frapper
pour le punir d'avoir recueilli en gros sous la monnaie
de la gloire.

Combien nous semblent plus éthérés les aèdes
homériques, les jongleurs et les bardes, ses ancêtres
directs qui, comme lui, s'adressèrent à un public
grossier, mais qu'estompent en les idéalisant à nos
yeux les brumes du passé !

C'est avec l'intention de nous montrer impartial

envers Pixerécourt, sans nous aveugler sur ses défauts, mais sans manifester un dédain aristocratique pour le mélodrame, que nous avons entrepris cette étude sur un genre qui se rattache à l'évolution générale de la littérature dramatique bien plus intimement qu'on ne serait tenté de le penser au premier abord.

Je dois mes remerciements en premier lieu à Monsieur L. Brandin, Professeur à l'Université de Londres, qui a attiré mon attention sur Pixerécourt, et qui m'a aidé de ses conseils lorsque j'ai fait une première étude des sources, étude qui a été incorporée dans les Chapitres III et IV du présent ouvrage.

A mes maîtres Messieurs Gustave Lanson et Gustave Michaut je tiens à exprimer ma profonde reconnaissance pour les conseils si précieux qu'ils m'ont donnés pendant mon séjour à Paris et depuis. Je dois aussi à Monsieur Philip Hartog mes remerciements les plus affectueux pour le zèle infatigable qu'il a montré à critiquer et à encourager mon travail.

Je désire remercier très sincèrement Monsieur André Virely, l'arrière petit-fils de Guilbert de Pixerécourt d'avoir mis à ma disposition et son temps et sa magnifique collection des manuscrits de son bisaïeul. Enfin je dois remercier Monsieur Ernest Louf, professeur à Paris, qui a eu l'extrême bonté de revoir les épreuves de ce travail, et mon éditeur Monsieur Honoré Champion qui en a revisé la bibliographie.

W. G. HARTOG.

Londres, Septembre, 1912.

CHAPITRE I

VIE DE GUILBERT DE PIXERÉCOURT
(1773-1844)

Documentation. Sa naissance. Sa famille. Son éducation. Ses premiers succès. Sévérité de son père. Ses amis de collège. Son départ pour la Légion de Condé. Clotilde et Pixerécourt. Il rentre en France. Son séjour à Paris. Ses premières lectures. Ses premiers essais dramatiques. Il retourne à Nancy. L'Affaire Marat-Mauger. Pixerécourt et Barrère. Pixerécourt au Ministère de la Guerre. Carnot le protège contre Robespierre. Son mariage. Il quitte l'administration de Carnot. Temps de misère. Seize pièces reçues et non jouées. Enlumineur d'éventails. *Les Petits Auvergnats*. *Victor ou l'Enfant de la Forêt*. Son succès. Table de ses œuvres. Sa fécondité. Pixerécourt et ses collaborateurs. Energie de Pixerécourt. Incendie de la Gaîté. La vieillesse et la mort. Jules Janin sur Pixerécourt. Paul Lacroix. Portraits de Pixerécourt.

Pour écrire la vie de Pixerécourt nous ne pouvons pas invoquer un grand nombre d'autorités. Ces autorités ne sont d'ailleurs pas indiscutables, car elles diffèrent entre elles sur des points très importants. La première [1] étude que l'on connaisse sur sa vie a paru dans la *Biographie des Contemporains* en 1834.[2] L'article sur Pixerécourt n'est pas signé. Il est bref et concis, mais il s'y trouve quelques erreurs et plusieurs omissions

[1] L'article *Guilbert* de *La France littéraire* par J. M. Quérard, Paris, 1829, n'est qu'une courte notice bibliographique donnant la liste des ouvrages de Pixerécourt.

[2] *Biographie universelle et portative des Contemporains* publiée sous la direction de MM. Rabbe, Vielh de Boisjolin et Sainte-Preuve, 1834.

graves. Ensuite on doit consulter l'article signé A-Y qui se trouve dans la *Biographie universelle* de Michaud.[1] Il est plus long que les précédents et en corrige quelques erreurs, mais l'auteur se fie un peu trop à son imagination. Il emprunte aussi beaucoup à la préface de Nodier au " Théâtre choisi " de Pixerécourt[2] sans avouer ses emprunts. Nous y trouvons une appréciation de l'œuvre de Pixerécourt et la liste à peu près complète de ses ouvrages.

Vient ensuite l'article de la *Nouvelle Biographie générale*[3] de Didot se rapportant non pas à *Pixerécourt* mais à *Guilbert* et signé " E. Desnues ". C'est d'abord une reproduction de l'article de Rabbe, suivie d'une courte appréciation littéraire écrite par un homme qui méprisait évidemment le mélodrame. Suit la liste des pièces de l'auteur, assez soigneusement dressée, puis une courte notice bibliographique.

En dernier lieu nous avons des articles dans la *Grande Encyclopédie* et dans le *Dictionnaire* de Larousse qui ne font que résumer et élargir l'article de Michaud. Ce n'est qu'en 1909 que la vie de Pixerécourt fut soigneusement étudiée et c'est M. André Virely,[4]

[1] *Biographie universelle* (Michaud) ancienne et moderne, nouvelle édition, Paris et Leipzig, 1854. A-Y est le pseudonyme de René Alby.

[2] *Théâtre choisi de Guilbert de Pixerécourt*, précédé d'une introduction par Charles Nodier. Paris, Nancy, 1843.

[3] *Nouvelle Biographie générale* publiée par MM. Firmin Didot frères, sous la direction de M. le Dr Hoefer, Paris, 1843.

[4] *René Charles Guilbert de Pixerécourt*, par André Virely, Paris, chez Edouard Rahir, librairie de la Société des Bibliophiles français, 1909.

l'arrière petit-fils de Pixerécourt, qui a traité ce sujet d'une façon très nette et très précise, dans sa monographie publiée pour la *Société des Bibliophiles français*. M. Virely a pu recourir à des lettres et à des documents inédits, et a pu confirmer ou contredire l'œuvre de ses prédécesseurs. Dans son livre, la vie de l'auteur est suivie d'une courte appréciation littéraire, et surtout de détails concernant Pixerécourt en tant que bibliophile. Puis nous y trouvons la liste la plus complète de ses œuvres, dont chaque titre est suivi d'une petite notice bibliographique. Il n'y aura donc pas grand'chose à ajouter à l'œuvre de M. Virely en ce qui concerne les faits, et c'est chez lui surtout qu'il faut se documenter pour esquisser la vie de Pixeré-court. Mais la vie d'un homme de lettres n'est pas seulement l'énumération exacte de ses actions et de ses œuvres les plus importantes. Pour bien apprécier un homme et surtout un écrivain, il faut considérer le temps où il a vécu, les amis qui l'ont entouré, les ennemis qui se sont acharnés contre lui et surtout les sentiments qui l'ont inspiré. Heureuse-ment Pixerécourt nous a laissé, outre ses pièces dramatiques, un nombre restreint d'œuvres qui nous permettent de l'entrevoir et de le connaître, de savoir pourquoi et dans quelles conditions il a écrit, et enfin de mieux comprendre et de mieux apprécier son œuvre. Nous avons aussi dans les journaux du temps et dans les lettres que lui ont écrites ses amis, un témoignage précieux des jugements qu'il a inspirés de son vivant.

Parmi ceux qui l'ont connu, il faut citer quatre noms : Charles Nodier, Paul Lacroix, Jules Janin et Geoffroy. Tous ont parlé de lui d'une façon très personnelle et nous fournissent des renseignements de la plus haute importance sur sa vie, son caractère et ses œuvres.

Voilà donc à peu près tous les matériaux que nous avons à notre disposition pour construire, ou plutôt pour refaire la biographie de Pixerécourt. Nous croyons fermement que pour apprécier son œuvre il faut d'abord comprendre sa vie.

René-Charles Guilbert de Pixerécourt naquit à Nancy le 22 janvier 1773.[1] Il était de famille noble, son bisaïeul ayant été anobli par le duc Léopold, le 10 juin 1712. De sa mère, nous ne savons que très peu de chose, mais sur son père, Nicolas Charles George Guilbert, nous avons beaucoup de renseignements intéressants. Pixerécourt nous dit que c'était un homme dur et sévère.[2] Janin écrit que c'était "un vrai père de l'ancien régime, plus disposé à battre qu'à embrasser Monsieur son fils".[3] Nous aurons à signaler quelques exemples frappants de cette sévérité, laquelle paraît avoir eu une influence singulière tant

---

[1] Selon la *Biographie Universelle des Contemporains*, Paris 1834, Pixerécourt naquit dans un village de ce nom qui fait partie de la commune de Malzéville près de Nancy. Cette légende a eu beaucoup de succès : elle est néanmoins fausse.

[2] *Souvenirs du jeune âge*, dans le *Théâtre choisi*, 1843.

[3] *Histoire de la littérature dramatique*, par J. Janin, Paris, 1854.

sur le caractère de Pixerécourt que sur le genre pour lequel il a eu une prédilection marquée, et qui a le plus contribué à sa réputation et à sa fortune.

Toute la vie de Pixerécourt fut un mélange de bonheur et de malheur, de triomphes et d'échecs, de changements brusques et de revirements subits. Il nous dit qu'à l'âge de trois mois, les soins d'une bonne paysanne surent lui rendre la vie qu'une méchante nourrice lui avait presque arrachée. Il passa quatre ans à la campagne, puis à son grand regret on le ramena à Nancy, où, à huit ans, il entra au Collège fondé par Stanislas et dirigé par des Chanoines " généralement instruits, mais très exigeants ".[1]

Le jeune espiègle s'amusa un jour à lancer des boulettes de mie de pain à son professeur. Il fut sévèrement puni,[2] et on s'en plaignit à son père. Celui-ci le menaça de le mettre dans une maison de force où l'on enfermait les fous et les mauvais sujets, et il eut réellement l'intention de l'y envoyer. Mais son fils, navré au point de vouloir se suicider, courut chez le Père Munier, bon vieillard qui était chargé de la direction de sa conscience. Il obtint son intervention, et ce projet déraisonnable fut abandonné. On lui permit même de passer ses vacances dans la famille de ses grands-parents.

[1] *Souvenirs du jeune âge*, p. xix.

[2] Le maudit professeur prit l'habitude de me faire mettre à genoux..... sur le seuil en pierre de la porte d'entrée, ce qui a dû contribuer sans doute à me donner la goutte. *Souvenirs du jeune âge*, p. xix.

En 1784 il fit sa première Communion sous les auspices du Père Munier. Il nous dit que c'est à ses idées religieuses et providentielles qu'il a rattaché sa vie tout entière. " Ce courage de tous les instants, cette constance inébranlable, cette volonté de fer qui m'ont soutenu dans les malheurs et dans les souffrances qui ont traversé ma carrière si longtemps douloureuse, tout pour moi s'explique et se traduit par un seul mot : Dieu ! " [1] La dévotion, poussée presque jusqu'à l'excès, était en effet l'un des principaux traits du caractère de Pixerécourt. Elle apparaît nettement dans son œuvre et nous la signalerons au passage.

En 1785, malgré une grave maladie, il obtint le prix d'excellence qui donnait le droit de prononcer le discours public le jour de la distribution générale des prix. Faible et pouvant à peine se traîner, soutenu par un domestique chargé de ses trente volumes, il arriva après la distribution à la maison, où il déposa devant son père tous ces prix. " C'est bien ", lui dit celui-ci d'un ton froid, " vous avez fait votre devoir ". " Ceci ", ajoute Pixerécourt, " est historique ". [2]

Il est intéressant de noter ici que Pixerécourt a soumis à son père cette première partie de ses *Souvenirs du jeune âge*, dans laquelle il parle si souvent de sa dureté et de sa sévérité. Aussi son père a-t-il répondu en confirmant l'exactitude de sa narration, et en ajoutant des réflexions qui lui font honneur en qualité de

[1] *Souvenirs du jeune âge*, p. XXII.
[2] *Souvenirs du jeune âge*, p. XXXII.

philosophe et d'historien, mais qui n'excusent aucunement la façon cruelle dont il a traité son fils unique.

Pixerécourt continua ses études à Nancy. En 1787 il se lia d'amitié avec un certain Haxo devenu plus tard un célèbre ingénieur. C'est avec lui qu'il apprit le dessin chez l'éminent peintre nancéen Lingry, art pour lequel il montra un talent remarquable[1] qui lui fut plus tard d'une grande utilité.[2]

Il employa les années 1789 et 1790 à faire son droit à la Faculté de Nancy, et il avait l'intention de se faire admettre au barreau. C'est en 1789 que son père vendit sa seigneurie de Pixerécourt et acheta la terre de Saint-Vallier, dans l'espoir d'obtenir le titre de marquis. Mais, le 5 août, l'Assemblée Nationale décréta l'abolition de tous les droits féodaux ; et son père perdit en même temps ses nouvelles terres et sa fortune. Il ne resta presque rien du marquisat projeté et de ses éphémères avantages.

Le jeune Pixerécourt venait de terminer ses études de droit quand la Révolution éclata. Au mois de juin 1791, à l'exemple des " Princes ", qui quittèrent la France, " tous les jeunes gens durent abandonner leur pays pour aller à l'étranger faire la guerre sans savoir encore à qui ni comment ".[3] Pixerécourt obéissant à son père qui lui donna une bourse de quinze louis, se

---

[1] M. André Virely possède le portrait que Pixerécourt a fait de sa mère, exécuté avec une grande finesse et sûreté artistiques.

[2] Voir à la page 27 de ce chapitre.

[3] *Souvenirs de la Révolution*, p. VIII.

rendit à Coblentz où s'étaient réunis " les Princes et l'élite de la noblesse française ". De Coblentz il fut dirigé sur le cantonnement d'Erntz. Il apprit l'allemand et ceci d'une façon assez romanesque. Citons ici le compte-rendu de cette idylle, que Janin nous donne de sa façon très personnelle :

" En attendant il fallait vivre et surtout il fallait être jeune. Paix ou révolution, monarchie ou république, ce qu'il y a de plus pressé pour un jeune homme, c'est d'être jeune, ou, ce qui revient au même, c'est d'être amoureux ; il n'y a que cela de vrai et de bon dans le monde...... Le digne fils du seigneur de Pixerécourt, le petit marquis de Saint-Vallier, ne fut certes pas infidèle à cette loi charmante de la jeunesse. Mais déjà, par pressentiment sans doute, sa passion naissante prenait la teinte du mélodrame ; même pour ses amours, le jeune homme arrange et dispose avec soins, ses effets, sa décoration, sa surprise ; il lui faut des ruines, une vieille abbaye, un ruisseau jaseur et discret, une belle petite personne toute blanche, qui meurt à seize ans, en appelant le beau jeune homme. Que dis-je ? Il ne se prive même pas, pour son premier rendez-vous d'un bon prêtre nommé Muller.[1] En effet, sur la rive *gauche* de la Moselle au milieu d'une *sombre forêt*, s'élève le couvent d'*Engelporte*. Ce couvent d'Engelporte a pour abbesse la baronne de ***, *d'une très grande maison d'Allemagne ;* la nièce de l'abbesse s'appelle Clotilde, elle est *orpheline et pourvue d'une grande fortune !* Clotilde et Guilbert ont bientôt compris, en chantant et en jouant du *clavecin*, qu'ils

[1] Munier. C'est une erreur de Janin.

sont faits l'un pour l'autre. Bien que l'abbesse et M. Muller ne fussent pas trop cruels, Clotilde confiait au *ruisselet* du couvent une carte roulée sur laquelle elle écrivait ses rêves d'amour, et le ruisselet (petit ruisseau) déposait cette carte au pied du *vieux saule. Assise au pied d'un saule !*

Mais hélas ! il fallut partir pour les Ardennes. Les deux amants échangent un chaste baiser. Le soldat de Condé passe par *Bertuck, Penise, Stavelot, Malmedi* enfin on se replie sur la *Marche-en-Famine.* Guilbert ne dit pas quels furent ses exploits..... mais quand tout joyeux et tout couvert de lauriers il revint au couvent d'Engelporte, la digne abbesse était morte à *quatre-vingt-trois ans :* Clotilde, qui attendait des nouvelles de son *cher émigré,* expira le 15 octobre, le jour de la saint Charles, âme céleste ! Et M. de Pixerécourt ajoute : " Cinquante ans n'ont pas effacé mes regrets ! "[1]

Janin raconte tout ceci d'un ton tant soit peu moqueur, pour montrer "comment en certains esprits, chaque événement, chaque incident prend une teinte singulière qui rappelle tout à fait les habitudes de ces sortes d'esprits ". Nous constatons en effet, en lisant les " Souvenirs du jeune âge ", que Pixerécourt s'est conduit pendant toute sa vie d'une façon mélodramatique. Sa vie est une suite de " précipices inattendus, d'événements incroyables, d'accidents qui n'arrivent qu'à lui seul ". Bientôt après la mort de sa chère Clotilde, il rentre en France (1790) et il est poursuivi par des gendarmes ; pour échapper à leur poursuite, il se coucha à plat ventre dans un fossé plein

---

[1] J. Janin. *Histoire de la littérature dramatique,* t. 4, p. 311. Paris, 1855.

d'eau. Les gendarmes passèrent devant lui à bride abattue et le frolèrent en revenant au bout de dix minutes, s'étonnant de ne pas l'avoir rencontré. " Je les entendis dire ", nous dit Pixerécourt : " Celui-là est bien heureux, il l'a échappé belle ".[1]

Il arriva non sans peine à Nancy en 1793, et de là il partit pour Paris où il trouva un logement rue du Bouloi. Là, dans son grenier qu'il partageait avec un camarade, compatriote de Nancy nommé Michel, il resta exposé à payer de sa vie le crime capital d'avoir cédé à l'autorité paternelle, en quittant la France à dix-sept ans. Il risquait à chaque instant d'être découvert, et il était au bout de ressources. La misère et l'échafaud le menaçaient constamment, mais rien ne put dompter cet esprit inébranlable. A force d'économie et de travail, il put éviter la misère, et il échappa à l'échafaud en cachant pendant quelque temps ce nom sonore de Pixerécourt et en se faisant prudemment appeler Guilbert tout court. [2]

---

[1] *Souvenirs de la Révolution.* Théâtre choisi, t. II.

[2] Voici les variantes successives de sa signature : pendant la Révolution " Guilbert " ; pendant le Consulat : " Guilbert Pixerécourt " ; sous l'Empire et la Restauration : " Guilbert de Pixerécourt ", et enfin " G. de Pixerécourt. " Il adopta cette dernière forme lorsque la *Biographie des Contemporains* eut prétendu que le nom de Pixerécourt n'était qu'un nom d'emprunt. En n'accordant plus au mot *Guilbert* qu'une simple initiale il protestait tacitement contre une allégation qui attentait à la noblesse de son origine. Il publia en 1816 *Le Suicide ou le Vieux Sergent* qu'il signa " M. Charles " ; mais il existe une autre édition, aussi de 1816, qui porte le même titre, sauf que le pseudonyme " M. Charles " est remplacé, dans certains exemplaires, par R. C. Guilbert de Pixerécourt. Il en fut de même pour *Le Monastère Abandonné*, publié en 1816.

En parlant de ce temps pénible, il nous dit[1] que toutes ses idées étaient empreintes du noir le plus foncé. Les *Nuits* d'Young, les *Méditations* d'Hervey étaient ses lectures favorites ; quelquefois à titre de récréation il se permettait le *Comte de Comminge* et les drames de Mercier. Il en était là quand son ami Michel lui prêta les *Nouvelles* de Florian. C'est le moment décisif de sa vie. Cette lecture détermina sa vocation pour la carrière dramatique. *Sélico* surtout lui plut infiniment et il conçut le projet d'en faire un drame. Chez Pixerécourt il n'y avait jamais loin de la conception à l'enfantement. Une semaine lui suffit et au-delà, pour composer une pièce en quatre actes, intitulée *Sélico* ou *Les Nègres généreux.* Cette pièce fut vendue à forfait au Théâtre Molière, le 8 janvier 1793, moyennant 600 francs, ce qui n'est déjà pas si mal rétribué pour le travail de quelques jours. Encouragé par ce succès, il rentra chez lui, et brocha cette fois en trente-six heures un opéra en un acte sur une autre nouvelle de Florian intitulée *Claudine.* Il le fit recevoir au Théâtre Favart huit jours plus tard. Au mois d'octobre il écrivit *Alexis ou la Maisonnette dans les Bois,* comédie en 3 actes, qui fut reçue au Théâtre Louvois, et suivie de *Jacques et Georgette,* comédie en 2 actes, qui ne fut pas reçue. Il était lancé, mais les circonstances politiques arrêtèrent momentanément sa carrière dramatique. La Convention décréta, le 13 août 1793, que tous les

[1] *Souvenirs de la Révolution.* Théâtre choisi, t. II.

Français non mariés, âgés de 18 à 25 ans, seraient
réquisitionnés pour faire partie des armées de la
République. Il dut donc retourner à Nancy et régu-
lariser sa situation. Il obtint un certificat de résidence
et entra dans le 11ᵉ régiment de cavalerie. C'est
pendant ce temps que se produisit un incident qui
jette une lumière assez vive sur le caractère de Pixerécourt. Durant son séjour à Nancy, il y arriva un
certain Marat-Mauger chargé de représenter la Convention. Cet homme se conduisit en monstre inhumain. Pixerécourt apprit qu'entre autres forfaits, il
avait violé et empoisonné une charmante demoiselle
de sa connaissance, qui était venue solliciter la grâce
de son père. Il fut vingt fois tenté de lui brûler la
cervelle. Il choisit une vengeance non moins dangereuse, mais bien moins efficace. Il composa une pièce
en un acte, mêlée de vaudevilles, intitulée *Marat-
Mauger ou le Jacobin en mission* (1794). Il la lut
aux comédiens du théâtre de Nancy qui l'accep-
tèrent, mais il n'obtint pas l'autorisation du Comité
de surveillance, qui au contraire ordonna son arrestation. Le soir même on vint à minuit à son logis pour
le prendre. Il habitait au rez-de-chaussée et pendant
que les gendarmes entraient dans la cour, il s'évadait
en ouvrant le grillage qui les séparait. La veille, il
avait pris la précaution d'obtenir de son colonel un
congé de réforme qui lui permettait de se retirer où
bon lui semblerait, ayant été reconnu hors d'état
de servir la République à cause de ses infirmi-

tés ! [1] Voilà encore un incident de la vie de Pixerécourt qui est tout à fait caractéristique. Arrestation, gendarmes, évasion ! C'est toujours du mélodrame et du mélodrame vécu. Pixerécourt arriva donc à Paris en 1794, la bourse, comme d'habitude, fort légère. A peine arrivé, on lui ordonna en vertu d'un décret de la Convention Nationale, [2] porté contre les ex-nobles, de quitter Paris pour être envoyé directement dans les prisons de Nancy. C'était un arrêt de mort. Que faire ? Pixerécourt s'en tira grâce à son sang-froid et à son courage. Il se rendit chez Barrère, et lui raconta tout naïvement ce qu'il avait fait à Nancy. " Il est trop tôt pour mourir, " lui dit-il, " je ne sais quoi m'assure que je suis encore bon à quelque chose ; je désire travailler et m'occuper de théâtre : donne-moi la liberté..... tu feras une bonne action et je t'en saurai gré ". [3] Ces paroles franches et tant soit peu vaniteuses firent impression sur Barrère, qui le recommanda à son ami Carnot. Grâce à ce dernier, qui lui donna la place de Secrétaire-commis à la section de la guerre, il put rester en Paris, plus ou moins en sûreté. Pixerécourt, tiré d'embarras, n'oublia pas son ami Michel. Il parla de lui à Carnot qui lui donna un emploi dans ses bureaux. Michel y resta et devint attaché au général Clarke. Lui-même ne fut pas si heureux, car un matin, en rentrant aux Tuile-

---

[1] Ce congé date du 12 pluviose An II.
[2] Décret du 27 germinal An II.
[3] *Souvenirs de la Révolution*, p. xxvi.

ries, il fut reconnu par deux membres du Comité
révolutionnaire de Nancy, ses ennemis les plus acharnés. Ils allèrent tout droit le dénoncer à Robespierre.[1]
Cette fois ce fut Carnot qui lui sauva la vie, mais non
sans difficultés. Il dut engager auparavant une lutte
très vive contre Robespierre qui refusait de signer la
mise en réquisition.

Pixerécourt garda toujours à Carnot une grande
affection et une reconnaissance des plus sincères. Il fut
nommé en 1795 sous-chef de la première division de
la section de la guerre et y resta jusqu'à l'installation
du Directoire. Il se décida alors à reprendre sa liberté
et à s'adonner entièrement au théâtre.

Il venait d'épouser à Paris, le 30 septembre 1795,
Marie Jeanne Françoise Quinette de la Hogue.[2]
Nous n'avons pas beaucoup de détails sur ce mariage.
Pixerécourt nous dit tout bonnement :[3] " Je venais
de me marier et je commençais à écrire pour le
théâtre. " Autre part il écrit :[4] " Dans les trois premières années de mon mariage prématuré je me suis
trouvé complètement malheureux : toutes mes belles
espérances de fortune s'étaient évanouies, je n'avais ni
propriété, ni place, ni argent, ni pain !.... et cependant
il fallait soutenir une femme et un enfant au berceau. "
C'est là tout ce qu'il nous dit de son mariage, et cela

[1] Le 15 Floréal an II.

[2] C'est à M. André Virely que nous devons ce renseignement dans son
livre déjà cité sur Pixerécourt.

[3] *Souvenirs de la Révolution*, p. xxviii.

[4] *Souvenirs du jeune âge*, p. xxii.

est un peu bizarre vu qu'il se complaît à nous donner
d'innombrables détails sur son idylle platonique avec
Clotilde. [1] On est donc porté à croire que son mariage
ne fut pas très heureux, ou du moins que sa femme
n'a pas joué un grand rôle dans sa vie. Quoi qu'il en
soit Pixerécourt se trouva réduit à la misère. Il était
sans place et sans argent. Il avait composé et fait
recevoir à différents théâtres seize pièces, mais il eut
beau employer tout ce que la nature lui avait donné
d'activité et d'esprit d'intrigue, il ne put obtenir
l'honneur d'une seule représentation. Toujours quelque
obstacle venait empêcher de mettre ces pièces à
l'étude. Pixerécourt ne se laissa pas décourager. Il se
mit à la solde d'un marchand de la rue Saint-Martin,
nommé Santon, pour enluminer des éventails, et pendant dix-huit mois il parvint par un travail opiniâtre
à gagner quarante sous par jour. Ses efforts furent
enfin récompensés. Le 16 septembre, 1797, on joua
sur le théâtre de l'Ambigu-Comique *Les Petits
Auvergnats*, comédie en un acte. Cette pièce eut 73
représentations et un succès qui permit à son auteur
de cesser son travail d'enluminage d'éventails. Dès ce
jour tous les théâtres de second ordre lui ouvrirent

---

[1] Il est intéressant de reproduire ici ce qu'en écrivit Alby dans *la Biographie
Universelle* (Michaud) : *René* (C'est-à-dire Pixerécourt) *le suivit à Coblentz en
1791..... Mais un beau jour, le cœur plein de l'image d'une jeune fille qu'il
aimait, il jeta son uniforme aux orties, revint bravement à Nancy, malgré les lois
contre les émigrés, épousa sa fiancée et prit avec elle la route de Paris.* Inutile
d'ajouter qu'il n'y a qu'un tout petit grain du vérité dans toute cette
histoire.

leurs portes et représentèrent parfois simultanément plusieurs de ses pièces. Le nombre de celles qu'on a jouées s'élève à quatre-vingt quatorze, offrant ensemble une somme totale de 30.000 représentations à Paris et en province. Mais ce n'est que le 10 juin 1798, qu'il fit jouer le premier modèle de ce genre dont il est, sinon le père, du moins le souverain sans rival. Ce fut ce jour-là qu'on représenta *Victor ou l'Enfant de la Forêt* qu'il a d'abord nommé drame lyrique, mais qui est néanmoins ce que nous appelons et ce que Pixerécourt appellera plus tard un mélodrame.

Nous donnons ici la table de ses ouvrages dramatiques, table qu'il a dressée lui-même dans son *Théâtre choisi* :

Tragédies.	2
Drames et Mélodrames	63
Comédies.	9
Opéras comiques et drames lyriques.	21
Pièces féeries et Pantomimes.	8
Vaudevilles	17
Total	120

C'est en 1800 que fut joué son mélodrame *Cœlina ou l'Enfant du Mystère*, qui eut 387 représentations à Paris et 1089 en province. Il fut traduit en anglais, en allemand et en hollandais. Son succès fut éclatant et dès lors la fortune de Pixerécourt était faite. Il n'avait qu'à continuer, et en effet sa plume féconde et active débita mélodrame sur mélodrame (sans compter de nombreuses autres pièces de théâtre) jusqu'à l'année 1834, date de son dernier mélodrame *Latude ou trente-cinq ans de captivité*.[1]

Des 59 mélodrames qui portent le nom de Pixerécourt il n'y en a que 38 qui soient entièrement de lui. Il a écrit les 21 autres avec des collaborateurs parmi lesquels il faut mentionner Léger, Dubois, Antier, Brazier, Cornu, Mélesville, de Tréogate et Victor Ducange. Par suite de cette collaboration, nous voyons à partir de 1826 un amoindrissement sensible dans la qualité de son œuvre,[2] qui ne se relève que de temps en temps, lorsqu'il abandonne la collaboration pour nous donner, à lui seul, des mélodrames tels que la *Tête de Mort*, en 1827, et *Latude*, en 1834. Il serait difficile de constater exactement quelle est la part de Pixerécourt dans des pièces telles que le *Moulin des Etangs* (1826), écrit en collaboration avec Mélesville et Brazier, ou dans la *Peste de Marseille* en collaboration avec Mme Marty et Laqueyrie (1828), ou bien dans *La Lettre de Cachet* (1831) en collaboration avec Pigault-Lebrun, mais il est probable qu'il n'a fait que prêter son nom et donner ses conseils, fondés sur sa

[1] La dernière pièce de Pixerécourt qui ait été représentée fut *Bijou ou l'Enfant de Paris*, féerie en quatre actes par MM. G. de Pixerécourt, Brazier et Duvert, représentée pour la première fois sur le théâtre du Cirque Olympique à Paris, le 31 janvier 1838.

[2] D'ailleurs Pixerécourt s'en rend compte. Il nous dit lui-même : " J'ai été forcé par les habitudes nouvelles de m'associer contre mon gré avec quelques confrères. Qu'en est-il résulté ? Des succès pâles. Ce n'est plus la pensée d'un seul jet ; tout est en désaccord ! " *Dernières réflexions sur le mélodrame*, 1843.

connaissance profonde de ce qui convient à ce genre. [1]
Pour juger loyalement son œuvre, il faut se reporter
à ce qu'il a écrit sans collaborateurs, sauf dans les cas
où il y aurait un intérêt spécial à agir autrement.

Ainsi que le dit Pixerécourt lui-même, il a régné
pendant trente ans comme roi absolu, et il a pu se
créer, par ses œuvres, un revenu annuel de 25.000 frs.
Cela ne lui suffisait pas. Pour obtenir des appoin-
tements réguliers et une retraite sûre, il se fit attacher
dès 1802 à l'administration de l'enregistrement et des
domaines, et il exerça jusqu'en 1836 les fonctions
d'inspecteur à Paris. Il fut nommé directeur du
Théâtre Royal de l'Opéra-Comique en 1827, et fut
enfin directeur privilégié du Théâtre de la Gaîté de
1825 à 1835. Là furent jouées les meilleures pièces
de Pixerécourt, celles qui ont obtenu le plus légitime
succès, et il est probable qu'elles auraient été main-
tenues encore plusieurs années au répertoire de ce
théâtre sans l'incendie qui vint le détruire en quelques
minutes dans la journée du 21 février 1835. Il perdit
dans cette catastrophe la plus grande partie de sa
fortune. Plusieurs procès suivirent, et quoiqu'il fût
assez heureux pour en sortir triomphant, il n'en fut pas
moins obligé de vendre et sa maison de campagne de
Fontenay-sous-Bois qu'il avait achetée aux héritiers
de son ami Dalayrac, et sa bibliothèque qui contenait

---

[1] Cela est d'autant plus difficile que les manuscrits de ces pièces ne se
trouvent pas dans la collection des manuscrits de Pixerécourt que possède
M. André Virely.

beaucoup d'ouvrages précieux et qui valait, selon lui, cent mille francs. La douleur de voir dispersés en un jour les livres que dès sa jeunesse[1] il réunissait avec amour fut peut-être le coup le plus sensible qu'il ait subi. Ce malheur, joint à de cruels accès de gravelle et de goutte, l'amena à renoncer tout à fait au théâtre. Au mois de juin 1835, il dut se retirer à Contrexéville. Là en moins d'une heure, nous raconte-t-il, il est frappé par un coup de soleil, et brûlé par un bain à 35 degrés. " Ma pauvre tête en a sauté... j'ai presque entièrement perdu la parole et la mémoire des mots ". C'est un homme fini. Il se réfugia à Nancy pour y passer le reste de ses jours. Il y subit une lente agonie. " La mort est là, dit-il, ma vie s'éteint, l'apoplexie et la paralysie me menacent ".[2]

Il passa les dernières années de sa vie à s'occuper de l'édition de son *Théâtre choisi*. Il avait déjà donné dix volumes de son théâtre.[3] Afin de ne pas effrayer ses lecteurs il les réduisit à quatre, contenant ce qu'il

[1] Pixerécourt avait aimé les livres dès son enfance. A peine commençait-il ses classes au Collège de Nancy qu'il formait une bibliothèque avec les prix qu'il avait remportés et à l'aide de ses économies. Cette première bibliothèque qui s'éleva jusqu'à 200 volumes, et dont le choix attestait déjà un véritable instinct de bibliophile, disparut en un seul jour pour payer une dette de jeu. Cette perte fut tellement sensible au pauvre Pixerécourt qu'il jura de former une nouvelle collection, en redoublant de zèle pour les livres, et en ne jouant plus. (Voir l'article de Paul Lacroix sur *Guilbert de Pixerécourt* dans le *Bibliophile français*, t. ii, 1868.

[2] *Appel à mes amis*. Théâtre choisi, t. I, page xc.

[3] *Théâtre* de R. C. Guilbert de Pixerécourt, 10 vol. in-8°. Paris, Barba, sans date.

considérait comme les trente meilleures de ses cent vingt pièces. Il supplia trente de ses amis de vouloir bien se joindre à lui par la pensée en coopérant à son œuvre dernière. " J'adresserai à chacun d'eux un exemplaire de cette édition illustrée par leurs soins, et par un doux échange, je recevrai ce que chacun d'eux aura pensé de la pièce qui aura fixé son attention et son choix..... Le pauvre aveugle ne sera plus abandonné, puisque tous ses amis seront là dans sa chambre, sur son bureau, auprès de son lit, jusques à l'heure dernière. " [1] Il mourut à Nancy le 27 juillet 1844.

Voilà à peu près tout ce que nous savons de la vie de Guilbert de Pixerécourt. Nous voyons qu'il a été soldat, amoureux, proscrit, commis, fonctionnaire, bibliophile, homme du monde et homme de lettres. Rien de calme, rien de paisible dans cette existence. Même quand le succès de ses œuvres lui permettait de vivre à son aise, il souffrait d'une maladie atrocement douloureuse. On pourrait assurer que son caractère le destinait au mélodrame. Les sentiments exaltés qu'il nous dépeint dans ses *Souvenirs du jeune âge*, cette naïveté qu'il montre quand il demande à Barrère de lui faire grâce,[2] et encore quand il ajoute un chapitre intitulé *Le remède à la goutte*[3] à un livre soi-disant de voyages ; ce besoin de mise en

---

[1] *Appel à mes amis*. Théâtre choisi, t. I, p. xc, 1843.

[2] Voir à la page 25 de ce chapitre.

[3] *Esquisses et Fragments de voyages*. Théâtre choisi, t. II, ch. xxiii, 1843.

scène, de décors, qu'il ressent à tous les moments, cette aveugle confiance en Dieu, qu'il remercie si souvent et quelquefois si mal à propos, la facilité avec laquelle il pleure à chaque instant,[1] cette sensibilité presque maladive ; tout cela nous fait pressentir le romanesque invraisemblable et les bizarreries du mélodrame.

On doit se rendre compte qu'à la période même de sa vie où son esprit se formait, dès qu'il eut treize ans, il se vit plongé par la Révolution dans un vertigineux imbroglio de drame et d'idylle, d'horreur et de comédie. Tout conspirait pour le préparer et le former au mélodrame, et en effet la voie était déjà ouverte.

Pour ce qui concerne le caractère de Pixerécourt, nous pouvons nous rapporter non seulement à ce qu'il nous laisse entrevoir lui-même dans ses écrits, mais aussi à ceux de ses contemporains qui l'ont connu et qui disent très franchement ce qu'ils pensent de lui. Il a bien soin de nous donner, dans le tome II de son *Théâtre choisi* un " portrait moral " signé Madame de X. " Son abord est froid, souvent brusque. Une âme de feu, un cœur tendre, une imagination ardente, une humeur fière et indépendante : tels sont les principaux traits que j'entreprends d'esquisser. Sa physionomie porte l'empreinte de la rectitude de sa nature. Mélancolique par tempérament, il est souvent

---

[1] " Ma jeunesse a été arrosée de larmes ". Postface du t. I du *Théâtre choisi*, 1843.

triste, quelquefois sombre...... Passionné, tendre, délicat, dévoué, personne ne sut mieux aimer, personne ne fut aimé davantage ; l'amour fut sa seule faiblesse, mais il sut le fixer et le justifier par sa constance, et quoiqu'il dût être très exigeant, je crois qu'il n'eut jamais sérieusement à s'en plaindre. "

Ce qui gâte un peu le mérite de ce portrait, c'est que Pixerécourt l'a choisi pour l'introduire dans son recueil et ce n'est pas toujours sous les traits les plus ressemblants que l'on aime à se présenter devant ses amis et devant la postérité. Or il en est de même pour tous les éloges que nous trouvons dans cette édition, publiée par les soins de son grand ami Charles Nodier. Tous ses amis, Geoffroy, Lacroix, Taylor, Bouilly, Pelissier, Piccini, etc... donnent de lui des appréciations littéraires et personnelles qui sont très intéressantes, mais qui ne montrent que le beau côté de Pixerécourt. Il faut donc opposer ou plutôt comparer à ce que disent tous ses fidèles amis, l'opinion d'un homme qui l'a connu et qui paraît s'être très bien rendu compte du véritable caractère de Pixerécourt. C'est Jules Janin, qui dessine un portrait si vraisemblable que nous le reproduisons ici en son entier ou à peu près :

" Etait-il assez vif et assez impétueux de son vivant ! S'est-il assez tourmenté et torturé lui-même, sans compter les éclaboussures qui retombaient sur les autres ! Il me semble que je le vois encore, têtu comme une mule, emporté comme un cheval sans frein, volontaire comme un enfant gâté, riant, criant, mordant, plein de caprices, irritable ; avec cela des qualités excellentes, ingénieux, bel esprit, inventeur, d'une loyauté à toute épreuve, tirant de son propre fonds les imaginations les plus incroyables, peintre, poète, artiste, machiniste, musicien, administrateur, et traitant les comédiens comme des nègres....... Savez-vous cependant que tout admiré qu'il était sur le *Boulevard du Crime*, il n'y avait pas un meilleur appréciateur du beau langage et de la belle poésie ; il aimait les livres comme un prince qui serait très riche et qui aurait beaucoup de temps à perdre. Il tenait, dans ses grosses mains, les plus délicats chefs-d'œuvre avec une grâce charmante ; vous eussiez dit un ours mal léché, qui cueille une violette cachée dans l'herbe.......

Pour ma part, je ne sais rien de comparable à la popularité de l'illustre auteur des *Ruines de Babylone* ; les hommes, les enfants, les jeunes filles, les vieillards le suivaient de loin et les mains jointes quand il daignait se promener lui-même sur le boulevard du Temple, enveloppé dans le velours de son manteau, et décoré de sa croix de la Légion d'Honneur. On le suivait en silence, on se le montrait d'un geste passionné : C'est lui, le voilà ! le grand punisseur de tous les crimes, le haut justicier qui lit dans les cœurs pervertis ! Lui cependant, la tête haute, l'œil étincelant, le front pensif, il passait lentement à travers ce flot prolongé de murmures de louanges, d'admiration, de malédictions ! Il portait, à un si haut degré, le respect de sa mission sur la terre, il était entré si avant dans son rôle de poète dramatique, qu'il était impossible de l'étonner, l'eussiez-vous comparé à Jupiter

tonnant : " Cœlo tonantem credidimus Jovem. "
Pixerécourt, tu fais un drame, et nous croyons en
Dieu !

" Tout bourru qu'il était, et en marchant dans
l'ombre, dans la terreur, dans toutes les épouvantes,
il avait cependant toujours le petit mot pour rire ; on
pleurait d'un côté, on riait de l'autre...... Des regrets
nombreux et sincères ont accompagné l'homme ingénieux qui dans les soirées des affreux jours, après des
heures de sang et de meurtre, savait arracher au
spectateur de douces larmes de pitié en lui parlant
tout haut d'humanité, de pardon et de vertu. " [1]

Pour compléter ce portrait nous avons le croquis
du vaudevilliste A. de Rochefort qui fut l'ami de
Pixerécourt et qui raconte que poli, aimable, cordial
même dans ses relations hors du théâtre, il était, à
l'avant-scène, redoutable aux artistes. Le croquis est
lestement dessiné.

" Il avait une figure bistrée, le regard énergique
d'un châtelain de mauvaise humeur, qui aurait mal
dormi et souffrirait de la goutte.... Quand il venait le
matin à ses répétitions, c'était un tigre de sévérité ;
les acteurs tremblaient comme les noirs devant le
fouet du commandeur ; il ne pardonnait pas la plus
légère négligence, le moindre retard dans le devoir,

[1] Le chapitre sur Pixerécourt dont nous venons de citer quelques passages
et qui se trouve dans *l'Histoire de la Littérature dramatique* de Janin, t. IV,
pp. 308-319, est la réimpression quelque peu modifiée d'un article sur
Pixerécourt publié par Janin quelques jours après la mort du " Corneille
des Boulevards " dans le *Journal des Débats*. 19 août 1844. (signé J. J.)

sans imposer de sévères amendes ; et, quand un acteur s'était distingué dans un rôle, il n'était pas homme à lui en faire son compliment, mais il lui reprochait toujours de n'avoir pas été assez bon, assez complet".[1]

Nous avons aussi à notre disposition les deux articles extrêmement personnels qu'a écrites sur son ami Pixerécourt Paul Lacroix, connu sous le pseudonyme du " Bibliophile Jacob ".[2]

Lacroix parle de lui surtout comme bibliophile, et tout en chantant ses louanges, il nous permet d'entrevoir les mêmes défauts d'orgueil et de colère dont parle Janin. Il cite une des lettres que Pixerécourt lui a envoyées et il ajoute :

" Certes la plupart des contemporains qui se rappellent avoir eu quelques relations passagères avec l'Hermite de Fontenay sous Bois[3] ne reconnaîtront pas dans ces lettres pleines de délicatesse affectueuse et de véritable sensibilité, le terrible, le fougueux, le violent Guilbert de Pixerécourt, qui menait, pour ainsi dire, à la baguette ses domestiques, ses comédiens, ses collaborateurs et même quelquefois ses amis, et qui avait rencontré dans sa vie plus d'occasions de se faire craindre que d'occasions de se faire aimer. Mais, chez lui, les défauts de caractère ne

---

[1] *Mémoires d'un Vaudevilliste* par A. de Rochefort, p. 170, Paris, 1863.

[2] *Guilbert de Pixérécourt.* Extraits du *Bibliophile Français* 1er février et 1er mars 1869. Paris chez Bachelin Deflorenne.

[3] Pixérécourt se plaisait à signer ainsi les lettres qu'il envoyait à ses amis de la maison de campagne qu'il avait achetée en 1809 aux héritiers de son ami Dalayrac.

nuisaient en rien aux qualités du cœur. Il faut bien peindre l'homme pour apprécier le bibliophile." [1]

Il nous reste deux portraits de Pixerécourt : l'un par Madame Chéradame se trouve au Musée Lorrain à Nancy. Il est reproduit comme frontispice au premier volume de son *Théâtre choisi*. L'autre, signé G. Staal se trouve à la page 204 du *Bibliophile français*, t. 2. Paris, 1868.

C'est un visage heureux, sensible et fort, encadré d'une belle chevelure. De très grands yeux, un nez puissant, une bouche un peu sensuelle, mais souriante, et une mâchoire ferme et indiquant l'obstination poussée jusqu'à l'entêtement. On voit dans cette figure la bonté naïve, la bonhomie un peu lourde, et l'âpre ténacité qui le caractérisaient. Mais on n'y discerne rien de modeste, rien de léger. Beaucoup d'imagination, beaucoup d'énergie, mais peu de finesse, peu de sympathie. Voilà bien Pixerécourt tel qu'il était quand il trônait sur le " Boulevard du Crime " en véritable roi. Tout ce que nous venons de voir de sa vie, de son caractère et de sa façon d'agir se trouve reproduit dans l'œuvre qu'il créa et qu'il sut imposer au public de son temps.

---

[1] Lacroix dans cet article parle de Pixerécourt comme étant "le *fondateur* de la Société des Bibliophiles français." La question est définitivement traitée dans le livre de M. Virely déjà cité plusieurs fois, où il est très nettement démontré que Pixerécourt était l'*un* des fondateurs de cette société et non pas *le* fondateur.

CHAPITRE II

LE MÉLODRAME

Nous nous proposons d'étudier dans ce chapitre l'origine du mélodrame, d'abord celle du mot, puis celle du genre. Nous examinerons les théories du mélodrame proposées par les critiques du commencement du dix-neuvième siècle, période de son épanouissement et de son triomphe. Nous ferons ensuite l'analyse des théories récentes. Enfin nous essayerons de dégager de toutes ces théories les véritables causes et influences qui ont fait du mélodrame le genre complexe que nous connaissons.

L'origine du mot a une importance spéciale. Car le

mot *mélodrame*, étant susceptible d'au moins trois interprétations différentes, nous paraît avoir été employé quelquefois dans ses différents sens par un même auteur de façon à rendre sa pensée confuse et même contradictoire.

Le premier emploi que nous ayons pu trouver de ce mot est dans les *Fragmens d'observations sur l'Alceste italien de M. le Chevalier Gluck*, de Jean Jacques Rousseau en 1766. Nous citons en entier le passage :

" Persuadé que la langue française, destituée de tout accent, n'est nullement propre à la musique et principalement au récitatif, j'ai imaginé un genre de drame dans lequel les paroles et la musique, au lieu de marcher ensemble, se font entendre successivement, et où la phrase parlée est en quelque sorte annoncée et préparée par la phrase musicale. La scène de *Pygmalion* [1] est un exemple de ce genre de composition qui n'a pas eu d'imitateurs. En perfectionnant cette méthode, on réunissait le double avantage de soulager l'acteur par de fréquents repos et d'offrir au spectateur français l'espèce de *mélodrame* le plus convenable à sa langue. Cette réunion de l'art déclamatoire avec l'art musical ne produira qu'imparfaitement tous les effets du vrai récitatif, et les oreilles s'apercevront toujours désagréablement du contraste qui règne entre le langage de l'acteur et celui de l'orchestre qui

---

[1] La scène lyrique de Rousseau est un monologue en prose très court (13 pages in-8°) adressé par Pygmalion à la statue de Galatée qu'il vient de sculpter. Pygmalion demande aux dieux de donner à cette statue une âme, de la faire vivre. Ses prières sont exaucées. Galatée de marbre devient chair et se jette dans les bras de son amant.

l'accompagne ; mais un acteur sensible et intelligent en rapprochant le ton de sa voix et l'accent de sa déclamation de ce qu'exprime le trait musical, mêle ces couleurs étrangères avec tant d'art, que le spectateur ne peut en discerner les nuances. *Ainsi cette espèce d'ouvrage pourrait constituer le genre moyen entre la simple déclamation et le véritable mélodrame*, dont il n'atteindra jamais la beauté."

Rousseau se sert ici deux fois du mot *mélodrame* qu'on ne trouve pas dans son *Dictionnaire de Musique* publié en 1768. La première fois qu'il l'emploie dans ce passage il lui donne le sens spécial de pièce de prose accompagnée de musique, mais plus bas mélodrame, dans la phrase le " véritable mélodrame ", a évidemment le sens d'opéra. En 1772 parut le *Traité du Mélo-Drame ou Réflexions sur la Musique Dramatique* de Laurent Garcin. Garcin emploie en général le mot mélo-drame (notons bien le trait d'union), comme synonyme d'opéra. Mais à la page 372 on trouve le passage suivant :

" Si l'on me demandait comme on pourrait amener la réforme de notre opéra, je proposerais de commencer par la scène lyrique qu'un beau génie essaya l'année dernière sur un Théâtre de Province.[1] On aurait beau disputer et critiquer ; ce simple morceau, s'il étoit bien exécuté, deviendroit, j'en suis sûr, l'époque d'une grande révolution au théâtre."

Nous voyons dès 1775 une tendance chez les criti-

[1] Garcin ajoute en note : *Pygmalion* de M. Rousseau, joué à Lyon avec un grand succès.

ques à employer le mot mélodrame dans le nouveau sens du genre introduit par *Pygmalion*. A l'occasion de la représentation de l'*Ariane abandonnée* de Brandes et Benda en 1781, à la Comédie Italienne,[1] cette œuvre, malgré son titre allemand *Ein Duodrama mit musikalischen Zwischensätzen* est intitulée *mélodrame* par son traducteur Dubois. Il y a une notice sur cette pièce dans le *Mercure de France* du 28 juillet 1781, où le critique l'appelle *Mélo-Drame*, et où il la compare au *Pygmalion* de Rousseau. Il y aussi dans la *Correspondance littéraire* de Grimm (t. XII, p. 534 de l'édition Tourneux) une notice sur l'*Ariane*. " Nous ignorons, dit Grimm, le nom du traducteur français. Nous savons seulement qu'il a mis à la tête de sa traduction une espèce de poétique du mélodrame, où il entreprend de prouver tout uniment que le mélodrame est le premier comme le plus difficile de tous les genres ".

Mais à côté de ce sens spécial du mot, le sens plus général *d'opéra* semble persister.

En 1781, d'après la citation donnée par le *Dictionnaire d'Hatzfeld et Darmesteter* le mot est employé dans le sens d'opéra dans un recueil intitulé *Mémoire pour servir à l'Histoire de la Révolution de la Musique.*[2] En

---

[1] Vendredi, 20 juillet 1781.

[2] M. Antoine Thomas a eu la bonté de nous fournir quelques renseignements supplémentaires. Voici le titre exact du recueil cité : " *Mémoire pour servir à l'Histoire de la Révolution opérée dans la musique* " par M. le Chevalier Gluck. Naples et Paris, Bouilly, 1781. Le passage cité par le Dictionnaire général est tiré d'une " *Lettre de M. L. A. au P. Martini* ". La phrase com-

1782, Diderot écrivit une *Lettre au sujet des observations du Chevalier de Chastellux sur le Traité du Mélodrame* (de Garcin). Diderot et le chevalier de Chastellux attachent au mot *mélodrame* le sens *d'opéra*.

Après cette date (1782), l'emploi de *mélodrame* pour désigner *opéra* semble avoir cessé, le nouveau sens que Rousseau avait donné au mot se répandit peu à peu, et vers 1809 il était devenu général. Nous le trouvons dans *Le Mélodrame aux Boulevards* d'Armand Charlemagne (1809) et plus tard dans le *Dictionnaire Historique des Musiciens* par A. Choron et F. Favolle (1810) dans l'article *Rousseau*. Remarquons enfin que le mot *Mélodrame* ne fut admis à l'Académie qu'en 1835.[1]

Ainsi nous voyons que le mot *mélodrame*, probablement introduit par Rousseau, a été employé pour désigner l'opéra et aussi un genre spécial ; que vers la fin du 18me siècle, le second sens l'a emporté sur le premier. Comment perdit-il ce sens spécial pour acquérir un troisième sens ? Comment fut-il employé pour désigner le drame populaire accompagné de musique et de ballets tel que Pixerécourt l'a écrit ? Il s'agit d'abord de trouver le premier emploi du mot *mélodrame* dans ce sens plus moderne. Pixerécourt

---

plète est : Il y a dans vos mélo-drames des morceaux admirables et des beautés vraiment sublimes, mais le Chevalier Glück est le premier, est le seul qui ait produit de grands ensembles en musique et nous ait donné des ouvrages tragiques et de longue haleine (p. 246).

[1] *Le Dictionnaire de l'Académie* de 1835 donne la définition suivante : *Mélodrame :* sorte de drame où le dialogue est coupé par une musique instrumentale.

intitule *Victor ou l'Enfant de la Forêt* (1798), *Rosa ou l'Hermitage du Torrent* (1800), *Cælina ou l'Enfant du Mystère* (1800), *l'Homme à trois visages* (1801) " drames en prose et à grand spectacle ". Ce n'est qu'en 1802 qu'il donne le titre de *mélo-drame* à *La Femme à deux Maris*, et il écrit le mot avec un tiret. Il fait de même pour *Pizarre ou la Conquête du Pérou* (1802). En 1803 pour les *Mines de Pologne* il écrit " mélodrame ". D'autre part la première mention du mot *mélodrame* dans les notices des pièces de théâtre paraît se trouver dans le *Courrier des Spectacles*, du 17 germinal (6 avril) an IX (1801) où Lepan, en parlant de la pièce de Pixerécourt, écrit : " La première représentation du *Pèlerin Blanc*, mélodrame en trois actes, a obtenu beaucoup de succès ". Mais les critiques des autres journaux disent en parlant de cette pièce " drame " (Journal d'Indications), " pantomime " (Petites Affiches). Pour les pièces antérieures au *Pèlerin Blanc* les critiques disent " drame " (Courrier des Spectacles, 16 fructidor an VIII) ou " pantomime dialoguée " (Journal d'Indications, 17 fructidor, an VIII). D'ailleurs les pièces de Cuvelier qui, avant 1802, portaient le titre de " pantomime héroïque " ou de " pantomime dialoguée ", s'intitulent, dès le 30 avril 1802, " mélodrame ".[1] Il semble donc probable que Pixerécourt, homme érudit, ainsi

---

[1] Cf. *Le Tribunal Invisible ou le Fils Criminel*, mélo-drame en trois actes mêlé de pantomime, chants et danses, paroles de J. G. A. Cuvelier. A Paris, an X, (1802).

que nous l'avons déjà fait remarquer, qui gardait et lisait soigneusement les notices de ses pièces, n'aimant pas qu'on les intitulât " pantomimes dialoguées ", titre qui n'a aucun sens, s'est approprié le mot *mélodrame* dont Lepan s'était servi en parlant du *Pèlerin Blanc*. Voilà, croyons-nous l'explication du premier emploi de ce mot pour désigner le genre auquel il est resté attaché. Cette signification nouvelle du mot a effectivement fait disparaître les autres. Le mot a donc été employé pour désigner trois genres bien différents sous beaucoup de rapports, mais qui ont ce caractère commun d'être formés par un mélange de paroles et de musique.

Lorsque nous nous servirons du mot mélodrame, nous l'emploierons, à moins d'indication spéciale, dans le sens que lui est resté définitivement attaché. Le mélodrame sera pour nous un spectacle fait pour le peuple, composé d'événements tragiques auxquels vient se mêler un élément comique, et qu'accompagnent la musique et la danse. La musique est étroitement unie au mélodrame. Le compositeur de la musique de scène est toujours nommé dans les brochures : sa partition se compose des entrées, des sorties, des passages qui accentuent les situations, et du ballet. Ce ne sont pas tous les traits du mélodrame, mais ces indications suffiront à définir l'emploi que nous ferons habituellement de ce terme.

Ainsi nous entendons par *mélodrame* le genre de pièce que Pixerécourt et ses confrères ont fait jouer sur les " Théâtres du Boulevard " avec tant de succès pendant les trente ou quarante premières années du dix-neuvième siècle.

Après cette période, la musique, si importante au début, jouera un rôle de plus en plus subordonné, et on appellera mélodrame tout drame populaire qui cherchera à émouvoir par la violence des situations et l'exagération des sentiments. [1]

Quelle est l'origine du genre mélodrame ? Est-il venu tout à coup vers la fin du dix-huitième siècle inaugurer un règne de plus de trente d'années ou est-il né au contraire d'une évolution lente et graduelle ? Nous examinerons d'abord les diverses théories du mélodrame dans leur ordre chronologique, puis nous essaierons d'établir une conclusion fondée sur ces théories et sur des arguments que nous y ajouterons.

Le document le plus important parmi les écrits contemporains de Pixerécourt est " *Le Mélodrame aux Boulevards* " [2] par Placide le Vieux (pseudonyme d'Armand Charlemagne), Paris 1809. Son auteur l'intitule " facétie littéraire ". C'est une pièce en vers alexandrins suivie de " notes plus longues que le texte ", qui prétend nous donner l'histoire du mélodrame depuis son origine jusqu'en 1809. Nous y trouvons à peu près toutes les théories qu'ont repro-

---

[1] C'est la seconde définition du *Dictionnaire* Hatzfeld-Darmesteter. La première définition du *Dictionnaire* " drame accompagné de musique " se rattache au genre *Pygmalion*. Voir d'ailleurs les renseignements fournis par M. Thomas dans une note précédente (page 42 plus haut).

[2] Voir à la Bibliographie au mot " Charlemagne. "

duites dans leurs essais les historiens du mélodrame
postérieurs à Armand Charlemagne.

En voici le passage capital :

« Autre temps, autre mœurs, plaisirs et goûts nouveaux,
Et Molière et Corneille ont cessé d'être beaux.
Sur les pompeux débris de leur gloire éclipsée
S'établit quelque temps M. de la Chaussée,
D'Arnaud le raffina ; Mercier parut et mit
La tragédie en prose et le drame en crédit.
Enfin Cuvelier vint et le premier en France
Montra le mélodrame en sa magnificence..... »

. . . .

Son laurier sur sa tête est déjà suranné,
Et Cuvelier n'est plus qu'un prince détrôné.
Guilbert saisit le sceptre au bout de la semaine,
Et Caigniez à son tour usurpa son domaine,
Caigniez qui recula la limite des arts
Et, par son *Salomon* célèbre... aux Boulevards, etc... etc...

Dans ses notes " plus longues que le texte, " sur
les vers que nous venons de citer, Armand Charlemagne nous donne d'abord sa définition du mélodrame.
Pour lui le mélodrame est un drame dont les paroles
sont coupées de musique : " Le *Pygmalion* de Rousseau
était un mélodrame dans le vieux genre dont on
connaît quelques imitations très peu nombreuses : la
plus importante est le *Pyrame et Thisbé* de Larive. "

La Chaussée, selon Charlemagne, a mis en vogue
le comique larmoyant : il eut un grand nombre de
disciples et d'imitateurs :

" Il ne m'appartient pas de m'élever, " dit-il,

“contre un goût qui paraît être devenu dominant. Il faut se rendre compte que les gens qui paient ont le droit d'exiger les amusements de leurs goûts, et s'embarrassent peu des règles de l'art. Les lecteurs ne veulent point d'autres livres que des romans : les spectateurs ne demandent point d'autres pièces que des drames qui sont des romans en action. Ils ont tort, mais ils paient et le théâtre doit entendre cette raison là. ”

Puis après avoir remarqué que le *Comte de Comminge* d'Arnaud et les drames de Mercier ont joué un rôle important dans l'histoire du mélodrame, Charlemagne ajoute la note suivante pour affirmer avec insistance que Cuvelier a véritablement inventé le mélodrame :

“ M. Cuvelier est sans contredit le premier qui a acclimaté le mélodrame aux boulevards par sa pièce singulièrement monstrueuse intitulée : *C'est le Diable ou la Bohémienne* [1] qu'il ne donne, il est vrai, que sous le titre alors usité de “ pantomime dialoguée ”, c'est-à-dire pantomime qui n'en était point une. Il est clair qu'une pantomime où l'on dialogue rentre dans le genre de la comédie, de la tragédie ou du drame. Mêlez-y de la musique et vous avez un mélodrame. Aussi la pièce de Cuvelier était-elle un vrai mélodrame dans toute la force du terme et même un mélodrame renforcé..... Cette conception bizarre mais hardie et

---

[1] *C'est le Diable ou la Bohémienne*, drame en 5 actes à grand spectacle, mêlé de pantomime, évolutions, combats, chants et danses. Paroles et combats de J. G. A. Cuvelier. Représenté pour la première fois sur le théâtre le l'Ambigu-Comique à Paris, le 28 brumaire an VI (1798).

vigoureuse, obtint un succès constant pendant quelques centaines de représentations, elle fut immédiatement suivie d'autres productions dans la même manière, et toujours du même auteur, qui donnèrent aux entreprenants d'alors des divers théâtres du boulevard, l'aperçu d'un champ fertile à faire valoir ou plutôt d'une mine d'or à exploiter....... J'insiste sur la reconnaissance que ces Messieurs doivent à Cuvelier parce que, quand une découverte nouvelle est parvenue à un haut degré de perfection, rien n'est plus commun que d'en oublier les inventeurs. "

" M. Kotzebue est le Pixerécourt de l'Allemagne comme M. Pixerécourt est le Kotzebue français."

Charlemagne entrevoit une influence réciproque de la littérature dramatique de l'Allemagne et de la France, et il cite l'*Opinion du Parterre*[1] à ce sujet :

" Les tragédies qu'on fait actuellement en Allemagne et en Angleterre sont plutôt au-dessous qu'au dessus de nos mélodrames de l'Ambigu-Comique et de la Gaîté. Ne nous laissons pas séduire par les noms de Schiller, d'Iffland, de Kotzebue, et par les fastueuses épithètes dont on les décore ainsi que leurs pièces dramatiques."

Le *Traité du Mélodrame* par MM. A ! A ! A ![2] Paris 1817, est une petite brochure de 80 pages qui a pour but de ridiculiser le mélodrame. En voici le seul passage qui parle des origines du genre :

[1] *Opinion du Parterre*. Paris, 2ᵉ année.

[2] Selon le *Dictionnaire des ouvrages anonymes et pseudonymes* de Barbier (3ᵉ édition, 1869) Abel Hugo, Armand Malitourne, Jean Ader sont les auteurs de cette brochure.

“ Quelques-uns veulent, peut-être à tort, que ce soit le *Pygmalion* de Jean Jacques qui ait donné l’idée du premier mélodrame. D’autres prétendent que *Robert Chef de Brigands*, est le premier né des mélodrames. Il naquit au Marais, le 10 mai 1792, à 6 heures du soir de M. Lamortellière ou Lamartellière. Cependant il n’y a rien de certain à cet égard là. Comme celle de toutes les belles choses, l’origine du mélodrame se perd dans la nuit des temps.” [1]

Nous reviendrons à ce *Traité du Mélodrame* quand nous traiterons du comique et du style de Pixerécourt.

Pour Charles Nodier et Paul Lacroix, deux amis intimes de Pixerécourt, son rôle dans l’origine du mélodrame n’est pas douteux :

“ Dans le temps du Directoire, dit Nodier, on a joué pendant plusieurs années à Paris, sous le titre bizarre de “ Pantomimes dialoguées ” un assemblage de scènes informe, abortif et monstrueux ; il était orageux comme une émeute, mystérieux comme une conspiration, bruyant et meurtrier comme une bataille ; on y voyait toujours des spectres, des cavernes, des cachots et du merveilleux, enfin tout ce qui est propre à un art dans sa première enfance.” [2]

“ Mais le mélodrame tel que nous l’avons vu depuis 1800, naître, se développer et grandir sous les inspirations de l’auteur inventif de *la Femme à deux Maris*, des *Ruines de Babylone*, etc.. etc.. est devenu un genre nouveau ; il est à la fois le tableau véritable du monde

---

[1] Op. cit., page 4 en note.

[2] *Revue de Paris* (T. 9, n° 1, 5 juillet 1835) *Du mouvement intellectuel et littéraire sous le Directoire et le Consulat.*

que la société nous a fait, et la seule tragédie populaire qui convienne à notre époque. Le mélodrame n'a jamais été mis à sa place ; sa naissance date de *Cœlina*."

Paul Lacroix, le bibliophile Jacob, est encore plus flatteur pour Pixerécourt. Dans la notice qu'il a écrite dans le *Théâtre choisi* sur *Cœlina* (1835), il lui dit :

" Vous êtes l'auteur d'un genre et quoique ce genre ne soit ni la haute comédie ni la tragédie classique, il a fait, grâce à vous, assez de bruit dans le monde pour mériter d'être consacré par un recueil de vos ouvrages. Diderot, Sedaine et Beaumarchais avaient, avant vous, produit le drame sur la scène ; Mercier avait aussi développé en volume le drame bourgeois et historique ; mais ce ne furent là que des tentatives plus ou moins favorisées par le succès ; le drame ne s'était pas encore constitué une existence fixe, indépendante, légitime pour ainsi dire. C'est vous, mon ami, qui avez fondé les règles de ce genre qu'on essaierait en vain aujourd'hui d'exclure de nos habitudes théâtrales. "

Les autres amis et contemporains de Pixerécourt ne s'occupent guère de l'histoire du mélodrame, à l'exception de Geoffroy, grand admirateur de ce genre. Nous retrouverons ses opinions dans l'ouvrage récent de M. Marc des Granges. [1]

Pixerécourt lui-même à émis ses théories sur les origines du genre. Dans une brochure intitulée *Guerre au Mélodrame !!!* signée "Le Bonhomme du Marais[2],

---

[1] Voir à la page 59 de ce chapitre.

[2] *Guerre au Mélodrame !!!* Paris, chez Delaunay, 1818.

il essaie de justifier son œuvre et répond à ses détracteurs. Ceux-ci disaient que le mélodrame était " un genre détestable, un mélange de gai, de triste, de la musique, de la déclamation et des ballets, en un mot une confusion des genres qui est une innovation monstrueuse. "

" Non, répond Pixerécourt, " cette prétendue monstruosité remonte probablement au déluge."

" On joue le Mélodrame depuis plus de trois mille ans et je le prouve."

" Ce que l'on appelait "jeux scéniques " chez les Grecs et les Romains, était un composé de déclamation, de chant, de danse, de pantomime et de combats. "

" Eschyle, inventeur de la tragédie grecque, connaissait parfaitement la partie matérielle du théâtre, les décorations et les machines. *Les Mystères* offraient la réunion informe de ces mêmes genres."

" Depuis 1548 jusqu'en 1636, où Corneille fit représenter le *Cid*..... je remarque dans les auteurs et dans les spectateurs la même tendance vers le merveilleux, le même attrait pour le plaisir des yeux. Les pièces de Jodelle, Hardy, Bois Robert, Montchrétien, Robert Garnier, Grévin et Corneille lui-même (avant le *Cid*), étaient un mélange de tous les genres, ce qui est suffisamment indiqué par leurs dénominations. On les intitulait : *Pastorale avec des chœurs ; Poëme dramatique avec figures, emblèmes et énigmes.*"

" Depuis le moment où l'on a imaginé les représentations théâtrales jusqu'aujourd'hui, la masse des spectateurs a toujours cherché ce qui lui promettait des impressions fortes et variées."

" De 1636 à 1800 la scène française s'est enrichie de

chefs-d'œuvre. Corneille, Racine, Voltaire, Crébillon etc... (dans la tragédie), Molière, Regnard, Destouches etc... (dans la Comédie), nous ont laissé des modèles inimitables, *de vrais trésors pour la portion éclairée de la nation ;* mais ceux que leur goût, leur éducation, ou leur état n'ont pas mis à même d'acquérir ces connaissances (et l'on ne peut disconvenir que cette classe ne forme la plus grande partie de la société) n'en sont pas moins avides de plaisirs, et n'ont pas moins que les autres le droit de s'en procurer : il faut donc les assortir à leurs goûts, à leur éducation, à leur état et surtout à leurs moyens pécuniaires."

" C'est ainsi que pour faire réussir *le Misanthrope* qui était tombé, Molière lui adjoignit, à la quatrième représentation, le *Médecin malgré lui,* et la farce servit de passeport au chef d'œuvre."

" C'est ainsi qu'à travers ces astres de notre théâtre, dont les rayons ont éclairé l'univers, on a vu paraître et passer comme des météores, les compositions burlesques ou éphémères de Scarron, Douville, Visé, Scudéri, Calprenède, Duché, Trotterel, Claveret, Desmarets et d'autres dont les noms sont encore moins connus. C'est ainsi que pour attirer et satisfaire tout à la fois le savant et le peuple, on a intitulé les ouvrages dramatiques pendant plus d'un siècle (de 1630 à 1750) : *Tragédie avec des intermèdes comiques ; Comédie Ballet ; Pièce avec intermèdes de chant, de danse, et prologue ; Ambigu-Comique avec prologue en musique, épilogue et divertissements.*"

" Molière a intitulé sa ' Psyché ', *Tragédie Ballet,* ' La Princesse d'Elide ', *Comédie Ballet en vers et en prose avec prologue et divertissements,* ' Mélicerte ', *Pastorale héroïque,* etc..."

“ En traduisant ces titres bizarres et en analysant les ouvrages, je trouve des Mélodrames, avec cette différence, que la dernière dénomination me paraît plus expressive, plus franche, et renferme plus de choses en un seul mot.”

“ Lachaussée, surnommé père du drame, débuta en 1733. Ses ouvrages furent généralement goûtés et procurèrent aux comédiens des recettes abondantes. Son exemple, que des esprits chagrins appelleront contagieux, eut d'innombrables imitateurs. Jusqu'en 1800, on vit le genre sentimental s'accréditer et réussir sur tous nos théâtres indistinctement. La Harpe, Marmontel, Diderot, Mercier, Sedaine, Beaumarchais, etc... obtinrent presque tous des succès prodigieux. C'est au drame lyrique ou Mélodrame (*car un Mélodrame n'est autre chose qu'un Drame lyrique, dont la musique est exécutée par l'orchestre au lieu d'être chantée*) que la Comédie Italienne a dû ses jours de prospérité. Qu'est-ce en effet que *Richard Cœur de Lion, Le Déserteur, le Comte d'Albert, Raoul de Créqui, la Caverne, Roméo et Juliette* etc... etc... sinon des mélodrames qui ont fourni à nos meilleurs compositeurs le moyen de produire d'excellentes partitions ? ”

Voilà à peu près tout ce que Pixerécourt trouve à dire d'important au sujet du mélodrame dans sa brochure de 1818.[1]

Mais en 1832, dans une collection d'essais intitulée *Paris ou le Livre des Cent-et-un*[2] Pixerécourt a publié un article intitulé “ *Le Mélodrame* ” et signé de son

---

[1] Remarquons que Pixerécourt ne cite ni dans cet ouvrage ni ailleurs le *Pygmalion* de Rousseau.

[2] T. 6, pp. 319-352.

propre nom. Cet article est en forme de dialogue entre l’auteur et un monsieur qu’il rencontre à une brillante soirée chez une dame jeune et belle “ qui cultive les arts avec succès ”. Ce monsieur était un petit vieillard “ au chef poudré, au nez pointu, à l’œil fauve, au ton sec et tranchant, véritable type du pédant de collège ”, et nous ne sommes nullement étonnés de l’entendre parler d’une façon méprisante du mélodrame. Pixerécourt se défend courageusement contre cette attaque acharnée et imprévue, et il s’ensuit une discussion dans laquelle nous retrouvons presque mot à mot la défense du mélodrame qu’il donna dans sa brochure intitulée *Guerre au Mélodrame*. Mais il élargit un peu sa thèse. Après avoir esquissé l’histoire du genre jusqu’à l’époque de la Révolution, il dit très justement que depuis cette date jusqu’au Gouvernement Consulaire, la scène française, à quelques exceptions près, fut salie, déshonorée par des ouvrages infâmes. Plus tard, quand Napoléon fut monté sur le trône, le drame disparut tout à fait des grands théâtres, car l’Empereur n’aimait que la tragédie et la musique. Le drame, exilé des théâtres impériaux, se réfugia aux boulevards, et c’est là que sous le nom de mélodrames on a représenté pendant vingt-cinq ans des pièces “ que les journaux et l’opinion publique ont placées plus d’une fois au-dessus des ouvrages nouveaux que l’on jouait à la Comédie-Française. ”

Si nous examinons les théories des écrivains modernes, nous y trouverons la même diversité d'opinions.

M. Faguet [1] voit surtout dans le mélodrame la décadence de la tragédie. Il trouve que Voltaire a pris ses sujets dans Corneille, dans Racine et quelquefois dans Shakespeare, et les a traités en mélodrames, sans psychologie, sans peinture des variations et des démarches compliquées de sentiments. " Dans *Sémiramis* qui est *Athalie* sans Joad et sans Athalie, il a créé une Sémiramis qui est une Athalie singulièrement obscure, à peu près indéfinissable et presque inintelligible. Mais en revanche que de spectres, que d'incestes, que de parricides, que de fratricides et quelle ' méprise ' ! " [2] De *Mérope* (1743), qui selon M. Faguet est l'*Andromaque* de Racine mélodramatisée, il dit : " Le reste sera incidents, méprises invraisemblables, complication étrange, bizarre (et intéressante du reste), de menus faits, de péripéties et de coups de théâtre qui supposent une combinaison bien extraordinaire de circonstances, et une bonne volonté un peu forte du parterre. La *convention* propre au mélodrame, c'est la naïveté du spectateur." [3] Un peu plus loin, M. Faguet déclare que les héros de Voltaire sont des hommes chargés par lui de ne se point connaître contre toute apparence, et de retarder de toutes leurs forces pendant quatre ou cinq actes le moment de la

[1] *Dix-huitième siècle. Etudes littéraires*, par E. Faguet, 7e édition. **Paris**, 1890.

[2] E. Faguet. Op. cit. p. 252.

[3] E. Faguet. Op. cit. p. 253.

reconnaissance. "Ces tragédies", dit-il, "sont tellement des mélodrames qu'elles commencent déjà à être des vaudevilles". Enfin en parlant de l'*Orphelin de la Chine* (1755), des *Scythes* (1767), et des *Guèbres* (1769), M. Faguet proclame hautement que nous avons ici le mélodrame pur qui s'est dégagé peu à peu de la tragédie. " Il s'y inspirait précédemment, dans une carapace de tragédie classique, en gardait les formes extérieures, sous cette enveloppe multipliait les complications et les rouages, et faisait du tout une tragédie à quiproquos. Maintenant il se montre à nu, simple histoire édifiante et un peu fade, propre à inspirer à ceux qui la liront un peu de vertu bourgeoise, et n'est plus qu'un roman-feuilleton. L'alexandrin seul reste encore comme une marque traditionnelle d'une vieille maison. "

M. Faguet explique que cette transformation de la manière dramatique de Voltaire est due à deux causes. Elle est d'abord une évolution naturelle. Le mélodrame a pris conscience de lui-même, agrandi et brisé sa chrysalide. Ensuite Voltaire a suivi son temps. " Autour de lui le mélodrame, tout franc et sans mélange de vieille tragédie, s'est produit et développé avec La Chaussée, plus tard avec Diderot et avec Sedaine. Voltaire a d'abord raillé ce genre de tout son cœur, puis après deux ou trois variations successives, n'aimant pas à être en minorité, il s'y est habitué et a fait des comédies sur ce modèle ; et enfin il en arrive à y plier sa tragédie elle-même ".

Dans un autre article[1] M. Faguet fait mention de l'influence de Mercier :

" Mais Mercier, en attendant, créait le drame du boulevard et frayait les voies à Pixerécourt. Il est assez intéressant de voir et de suivre cette espèce de décadence, ou pour mieux dire de glissement qui fait descendre le drame bourgeois en vers de La Chaussée au drame bourgeois en très basse prose de Mercier et de Pixerécourt. C'est un genre qui naît et qui naît d'une manière de relâchement et d'abaissement. Mercier est un chaînon de cette chaîne et un moment de cette évolution. C'est curieux à observer."

Puis en parlant de La Chaussée, M. Faguet ajoute :

" La Chaussée a inventé ces sujets-là ; mais il n'a négligé que de les traiter. Il les a si peu traités qu'il en a fait des mélodrames. Or, le mélodrame c'est le roman pur, le roman romanesque mis sur la scène."[2]

Enfin M. Faguet dans son essai sur Pixerécourt[3] parle de lui comme du véritable créateur du mélodrame. Il paraît avoir momentanément oublié sa théorie du mélodrame de Voltaire que nous venons de reproduire, ou du moins il l'applique aux œuvres de Voltaire dans un sens tout à fait différent.

M. Charles Marc des Granges dans sa thèse sur

---

[1] E. Faguet. *Propos de Théâtre, Deuxième Série*, p. 191. Paris, 1905.

[2] E. Faguet. Op. cit. p. 159.

[3] E. Faguet. *Propos de Théâtre*, 2e série. Paris, 1905. M. Faguet parle surtout dans cet article, écrit à propos d'une représentation de *Latude*, de la moralité de Pixerécourt. Nous aurons occasion d'en reparler au Chapitre VII de cet ouvrage.

Geoffroy[1] consacre un chapitre entier au mélodrame.[2] En voici le résumé : Le mélodrame commence par la pantomime historique ou romanesque dans le dernier tiers du XVIIIe siècle. Voici des exemples du genre : *Le Masque de Fer*, le *Capitaine Cook*, *La Forêt Noire*, *les Quatre Fils Aymon*, qui furent joués à l'Ambigu avant la Révolution. Sous la Révolution ce genre subsiste, et quelques-unes des pièces traitent de sujets contemporains : *La Bataille de Roverbella, ou Bonaparte en Italie*, *La Mort du Général Hoche*, *la Prise de Mantoue*, etc... Cependant la pantomime cède la place au véritable mélodrame qui s'intitulait d'abord : *pantomime dialoguée*, dont une des mieux accueillies fut *La Nonne de Lindemberg*.

Puis M. des Granges cite Geoffroy : " Il ne faut pas croire que ce soit le Mélodrame qui a corrompu la Tragédie ; c'est au contraire la corruption de la Tragédie qui a fait éclore le Mélodrame, et pour trouver les origines du mal il faut remonter jusqu'au temps où l'Anglomanie a dénaturé notre scène tragique ".[3]

Selon M. des Granges, Geoffroy a raison et il s'écrie : " La Tragédie classique est le degré de maturité et de perfection d'un genre qui commence et qui finit par le Mélodrame. Le Mélodrame d'avant Corneille s'appelait la *tragi-comédie*. "

---

[1] *Geoffroy et la Critique dramatique sous le Consulat et l'Empire*, Paris, 1897.
[2] Op. cit. pp. 401-414.
[3] *Débats*, 11 juillet 1811.

Il essaie ensuite de montrer qu'on trouve dans le mélodrame : 1° Les caractères essentiels et organiques de la tragédie classique. 2° La déformation, et non la suppression de ces caractères. 3° Des traits nouveaux en apparence — mais qui appartenaient jadis soit à la tragi-comédie, soit à certaines tragédies de second ordre.

Ce qui constitue la tragédie classique selon M. des Granges, c'est la peinture d'une crise morale, et d'une crise morale d'une nature si violente et si fatale qu'elle n'a le plus souvent d'autre solution que la mort. Cette crise morale est une *situation*, mais psychologique. Dans le mélodrame, il y a également une *situation* prise à sa période aiguë, précédée d'une exposition rapide ou d'un prologue ; et de cette situation on *pourrait* faire une tragédie. Mais alors que la tragédie tend de plus en plus à la *simplification des moyens* [1], au minimum possible de conventions, à la vraisemblance et à la généralisation, le mélodrame, qui s'adresse au peuple, suit dans son développement une loi contraire. Le mélodrame choisit les plus rares entre toutes les situations (par exemple, une femme est abandonnée par son mari, un scélérat : elle le croit mort, et épouse un honnête homme ; le premier mari reparaît ; [2] au lieu de les simplifier, le mélodrame les surcharge, et appelle à son aide tout ce que la tragédie avait successivement rejeté ! La tragédie, faite pour un public délicat et raffiné, n'admettait pas l'élément comique.

[1] Les italiques sont de M. des Granges.
[2] *La Femme à deux Maris*. Pixerécourt, 1802.

Le mélodrame, écrit pour un public inférieur, mélange le comique et le pathétique, qu'il sert par tranches à ses auditeurs.

D'autre part le palais et le vestibule où se déroule l'action de la tragédie n'ont pas assez de relief pour l'imagination populaire ; l'émotion sera préparée, fortifiée, complétée par le décor, les costumes, les surprises de la mise en scène.

Les personnages tragiques parlent sans doute, mais leurs paroles sont des actions ; ils ne sortent pas de leurs rôles pour faire eux-mêmes les réflexions que leur situation doit inspirer aux spectateurs. Ceux du mélodrame, au contraire, sont obligés de commenter la pièce à leur public. Ils s'arrêtent souvent pour s'extasier sur la beauté ou l'horreur de la scène. En un mot il s'agit *d'intéresser*. " Le mélodrame, étant affranchi de règles, doit faire oublier par un intérêt plus vif et plus puissant qui s'empare de l'esprit et lui ôte l'usage de la réflexion." [1]

Enfin pour M. des Granges, le mélodrame est issu de la tragédie, si l'on considère *l'éloignement* du sujet et la *qualité*[2] des personnages. " Il est rare que les héros de mélodrames soient tirés de la vie ordinaire ; ce sont des princes, des ducs, des colonels de hussards ou des chefs de brigands, peu importe, mais toujours des gens qui par leur rang et surtout par leur costume, dominent et magnétisent le commun des mortels."

[1] Geoffroy. *Débats*, 24 mars 1809.
[2] Les italiques sont de M. des Granges.

Mais pour le dénouement le mélodrame contraste avec la tragédie. " Le dénouement d'un mélodrame doit toujours donner satisfaction à la conscience du peuple. Le public du boulevard n'est pas capable de tirer lui-même la haute moralité qui se dégage d'une catastrophe produite par les passions ; les tragédies de Racine sont pour lui *immorales*...... Il veut que d'une part la vertu soit représentée, au cours de la pièce, par un personnage spécial et d'autre part que, après bien des craintes et des traverses, la vertu soit récompensée et la méchanceté punie. "

Pour résumer la théorie de M. des Granges, le mélodrame ne serait autre chose qu'un état anormal de la tragédie classique qui s'adresse à un public spécial. Cette anomalie serait due d'abord à la corruption de la tragédie et ensuite aux conditions spéciales et intellectuelles, particulières à l'époque où le mélodrame a eu son plus grand succès.

M. Jules Marsan, dans son article sur Pixerécourt [1], voit dans le mélodrame l'achèvement de l'évolution logique de tout le théâtre du XVIIIe siècle. Selon lui le mélodrame historique est le véritable terme de cette marche de la tragédie s'adressant à un public plus nombreux, qui ne se soucie plus de fines analyses, mais qui est avide de mouvement, et le mélodrame domestique se dégage du drame bourgeois de La Chaussée, dont tous les successeurs directs ont eu

---

[1] *Le Mélodrame et Guilbert de Pixerécourt* par Jules Marsan. Revue d'histoire littéraire de la France, juillet 1900.

l'ambition de créer une tragédie d'un nouveau genre, tragédie qui s'accommodera d'un certain réalisme de surface, qui subordonnera les caractères aux fantaisies du hasard, mettra en scène les héros du monde moyen, non ses personnages habituels, — qui sera le mélodrame en un mot. Mais c'est surtout dans les drames et dans le *Traité du Théâtre* de Mercier que M. Marsan trouve le vrai début du mélodrame. Il en voit non seulement la forme mais aussi le style et il termine en résumant : " La décadence de la tragédie, l'avortement de la comédie sérieuse, l'influence du dehors, tout a concouru à donner au mélodrame ses caractères essentiels. "

M. Jules Lemaître exprime à plusieurs reprises ses idées sur le mélodrame dans son essai sur Sébastien Mercier. [1]

" Tandis que la comédie avec Destouches, Fagan, La Chaussée, Diderot, Saurin, Sedaine, se dirigeait vers le drame bourgeois et populaire, la tragédie avec Crébillon s'acheminait au mélodrame. " Or, selon M. Lemaître, la comédie et la tragédie tendaient à se rejoindre. " La Chaussée crée la comédie larmoyante à peine mêlée encore de quelques scènes comiques..... il prend pour objet la vie intime, les douleurs domestiques. Enfin Diderot s'empare de la nouveauté mise à la mode par La Chaussée et l'agrandit — non par ses drames mais par ses théories. Il veut un théâtre réaliste. Ce drame réaliste dont Diderot avait donné la formule, c'est Mercier qui se

---

[1] *Théories et impressions.* Jules Lemaître, *Paris,* 1904.

charge de l'exécuter, et son théâtre est un exemple
impayable de l'énorme différence qu'il y a quelquefois
entre ce que nous croyons faire et ce que nous faisons ".

M. Lemaître explique alors que Mercier croyait
faire des drames réalistes, mais que son réalisme
n'existait que dans la condition sociale des personnages, dans leur costume, dans les détails extérieurs.

" Le hasard règne en maître. Par suite les dénouements sont tout en reconnaissances (comme d'ailleurs
ceux de Voltaire). [1] L'action est gouvernée par un
hasard romanesque et les personnages sont entiere-
ment subordonnés à l'action. "

M. Lemaître conclut en observant avec beaucoup
de justesse : " Or tous ces caractères, réalisme purement extérieur, action gouvernée par un hasard
artificieux et providentiel, subordination totale des
personnages lorsque l'action l'exige ; et par là-dessus
moralité fade, sensiblerie, emphase, optimisme grossier
— ce sont aujourd'hui les caractères du mélodrame."

En effet, Mercier inspiré par Diderot, pensait fonder
le drame réaliste ; mais nous n'avons qu'à lire ses
pièces pour nous rendre compte, avec M. Lemaître, que
ce que Mercier inaugurait au nom de la vérité n'était
rien d'autre que le mélodrame, précisément le genre
le plus conventionnel et le plus éloigné de la vérité,
bref, le contraire absolu de ce qu'il voulait faire.

M. Gaiffe a donné ses théories sur le mélodrame

[1] Et de bien d'autres. Combien de comédies de Ménandre, de Plaute,
de Térence sont caractérisées par le dénouement-reconnaissance ?

dans sa thèse sur le *Drame en France au XVIIIe siècle*,[1] un des ouvrages les plus récents qui traitent du mélodrame.

C'est dans le *Pygmalion* de Jean-Jacques Rousseau que M. Gaiffe voit [2] l'embryon du mélodrame. Cette pièce fut bien reçue et obtint douze représentations en deux mois. " Il ne se doutait guère, ce bon public, qu'il acclamait le premier exemplaire de ce monstre voué aux acclamations de la foule et au mépris des littérateurs : le Mélodrame. Nous verrons comment de la scène ingénieuse de Rousseau, à force de déformations et d'emprunts à des genres inférieurs, on descend par une pente continue aux productions industrielles de Pixerécourt et de Ducange.[3] Or, voici selon M. Gaiffe, l'évolution du genre. On commence par *Pygmalion*, simple monologue entrecoupé par l'orchestre. Puis viennent les imitations : *Pyrame et Thisbé*, de Larive (1783), *Ariane abandonnée*, traduite de Brandes [4] par Dubois (1781) et *Héro et Léandre*, de Florian (1784). Ce sont des monologues ou de courtes scènes à deux personnages empruntées à des sujets antiques où la déclamation est tantôt soutenue, tantôt entrecoupée par l'orchestre. En 1779 nous avons *La Pomme ou le Prix de la Beauté*, de Mayeur

[1] *Le Drame en France au XVIIIe siècle*, par Félix Gaiffe. Armand Colin, Paris, 1910.

[2] *Pygmalion*, scène lyrique par J. J. Rousseau, 1775. Voir plus haut aux pp. 40,42.

[3] F. Gaiffe. Op. cit. p. 191.

[4] Jean Chrétien Brandes est l'auteur des paroles, Georges Benda l'auteur de la musique.

de Saint Paul, et en 1785 la *Galathée*[1] de Florian où
le nombre des acteurs est augmenté :

" Remplaçons les héros antiques par des personnages modernes, tout en conservant la musique de
scène, nous aurons *le mélodrame bourgeois*, dont le premier et curieux exemplaire paraît être *l'Élève de la
Nature*, de Mayeur de Saint Paul (1781). Il ne s'agit
plus que de le porter d'un à trois actes, d'en multiplier encore les incidents et les personnages pour
aboutir à *Cælina ou l'Enfant du Mystère.* "

Mais M. Gaiffe paraît sentir comme nous que cette
théorie de l'évolution est insuffisante, car il a soin
de nous dire que d'autre part les théâtres des Boulevards représentaient un nombre de pantomimes à
sujets historiques, mythologiques, féeriques ou même
contemporains, telles que les *Quatre Fils Aymon, le
Siège d'Orléans, Hercule et Omphale, la Belle au Bois
Dormant, la Mort du Capitaine Cook, le Maréchal des
Logis.* " Dans ces pièces c'est l'orchestre qui est
chargé de suppléer à la parole et d'expliquer, par des
airs appropriés, la nature des situations. Plus tard on
se hasarde à faire prononcer quelques mots à un acteur
pour éclaircir un point obscur, et l'on arrive peu à
peu à mentionner sur les affiches des " pantomimes

---

[1] Notons les titres de ces pièces : Rousseau intitule son *Pygmalion* ' scène
lyrique ' : Larive de même intitule son *Pyrame et Thisbé* ' scène lyrique ' :
l'Ariane de Brandes est appelée par son auteur allemand ' ein Duodrama ' :
La Pomme ou le prix de la Beauté, est une ' pièce mêlée de musique ' et enfin
la *Galathée* de Florian (pièce en vers) porte le titre de ' comédie pantomime '.
Aucune de ces pièces n'est dénommée mélodrame par son auteur.

dialoguées...." dès lors *le Mélodrame historique à grand spectacle* est créé. Ainsi le *Pygmalion* de Rousseau et les puériles pantomimes d'Arnould-Moussot viennent se fondre en un genre commun.

L'accompagnement musical, qui lui a donné son nom, pourra devenir tout à fait accessoire ou même disparaître complètement ; l'idée du mélodrame s'attachera désormais à tout drame populaire où les incidents multipliés, les efforts violents, l'opposition du tragique et du comique, la splendeur des décors et des costumes constituent les principales sources d'intérêt. "

Enfin M. Paul Ginisty [1] voit dans le mélodrame "le fils dévoyé du drame sentimental...... Il a mis en œuvre les théories de Diderot...... il a reçu des leçons de Beaumarchais...... il est en germe dans les conceptions de Mercier...... Il doit encore, dans sa formule, un grain au bon Sedaine, et quelques autres grains aux dramaturges allemands. Le mélange de la musique et de la danse vient de l'ancien Théâtre de la Foire à qui les scènes privilégiées avaient imposé un genre hybride. Le roman a eu son influence sur le genre, et le mot de mélodrame a été créé par Jean-Jacques, pour son monologue scénique de *Pygmalion*, où il entremêla la prose et la musique. "

M. Ginisty en cherchant quel fut le premier né des mélodrames, dit très justement que le quatrième acte des *Victimes Cloîtrées* de Monvel est absolument dans le ton et dans le style du mélodrame. Cette pièce date

[1] *Le Mélodrame,* par Paul Ginisty, Chap. I. Paris, 1910.

de 1791. *Le Château du Diable* de Loaisel Tréogate (1792), que l'auteur intitula " Comédie Historique ", ressemble d'une façon frappante au mélodrame. En 1797, ce même auteur a donné *La Forêt Périlleuse ou les Brigands de Calabre* qui est du mélodrame pur. Le *Robert Chef de Brigands* de Lamartellière (1792) est simplement les *Brigands* de Schiller mélodramatisé. Ce n'est donc pas Cuvelier qui a donné le premier mélodrame comme l'a dit Armand Charlemagne, car son *C'est le Diable ou la Bohémienne* date de 1798. [1]

L'analyse de ces diverses critiques et théories nous montre que pour expliquer l'origine du mélodrame nous avons à discuter les questions suivantes :

1. La décadence de la tragédie.
2. L'influence de La Chaussée.
3. Les théories de Diderot sur le Drame bourgeois de Sedaine et de Beaumarchais.
4. Le *Traité du Théâtre* de Mercier et son drame.
5. L'influence du *Pygmalion* de Rousseau.
6. L'influence de la " pantomime dialoguée ".
7. L'influence du roman.
8. L'influence du théâtre allemand.

Nous croyons devoir ajouter à cette liste, en parlant de la tragédie, quelques renseignements sur le public au temps de la floraison du mélodrame. En considérant l'influence du roman, nous dirons quelques mots sur l'épopée à laquelle il se rattache. L'influence de la littérature dramatique anglaise compte aussi pour

[1] Voir à la page 48 de ce chapitre.

quelque chose dans l'histoire du mélodrame. Enfin nous verrons que Pixerécourt lui-même a joué un rôle important dans la création du genre.

1. MM. Faguet et des Granges font naître le mélodrame de la décadence de la tragédie classique, qui commence à se montrer dans le Théâtre de Voltaire. En effet Voltaire use et abuse des incognitos et des reconnaissances et de tout ce qui sera plus tard moyen de mélodrame. [1]

Mais ne faut-il pas faire quelques réserves ? Si les mélodrames tels que l'*Homme à Trois Visages*, *Tékéli*, *Pizarre*, *Marguerite d'Anjou* et la plupart des mélodrames héroïques de Pixerécourt sont étroitement liés à la tragédie, d'autre part les pièces comme *Coelina*, *La Femme à deux Maris*, *Le Pèlerin Blanc* se rattachent, non pas à la tragédie, mais au drame bourgeois.

A côté de la décadence de la tragédie, faute d'auteurs capables d'en écrire, il y a aussi dès la fin du dix-huitième siècle une décadence du public, ou

---

[1] Cette décadence de la tragédie classique française est comparable à celle de la tragédie antique dont parle M. Gustave Michaut dans les termes suivants : " La tragédie latine est morte d'une maladie intérieure ; en l'étudiant avec attention...... on discerne les formes morbides qui, en se développant, l'ont tuée. Nous avons vu tous les tragiques latins mettre au second plan l'analyse psychologique, la peinture des caractères, des sentiments, des passions, pour mettre au premier l'intrigue, pour renforcer l'action, pour multiplier les personnages les événements, les incidents, les coups de théâtre, pour perfectionner la mise en scène et développer le pittoresque. Qu'est-ce à dire, sinon qu'ils tendaient à transformer la tragédie en mélodrame ? (*Le Génie Latin*, par Gustave Michaut. Paris 1900).

plutôt la création d'un public nouveau. On continuait à jouer les tragédies de Racine et de Corneille sur les théâtres consacrés à ce genre, mais la tragédie classique n'attirait qu'une élite de gens lettrés. Nous ne sommes plus en présence seulement d'un public restreint et cultivé, capable d'estimer des pièces essentiellement littéraires. Nous avons aussi un public très nombreux qui demande au théâtre des pièces qu'il puisse comprendre et qui puissent l'intéresser. C'est un public avide de sensations, une foule qui a passé par les violences de la Révolution.

Grimod de la Reynière [1] en parlant du public de Paris en 1797 nous donne des renseignements précieux:

" Le goût du Théâtre, dit-il, qui depuis quelques années surtout, s'est étendu sur toutes les classes de la Société semble être devenu une fureur plus encore qu'un besoin. Le Peuple Romain demandait *panem et circenses ; circenses* seulement est devenu le cri du peuple du Paris. "

Puis, après avoir rendu hommage aux spectateurs du siècle de Voltaire, de Piron, de Destouches et de La Chaussée lorsque les théâtres, réduits à trois, n'étaient fréquentés que par un petit nombre d'amateurs, d'hommes instruits, de jeunes gens studieux et tourmentés du besoin d'apprendre, la Reynière s'écrie douloureusement :

" Rappelons ce tableau consolateur de ce qui se

[1] *Le Censeur dramatique*, rédigé par A. B. L. Grimod de la Reynière. T. I, Paris, 1797.

passe aujourd'hui ; comparons les spectateurs d'alors et ceux du jour, et nous verrons bientôt pourquoi il ne se forme plus ni bons acteurs ni grands écrivains.

" Il suffit d'assister à nos jeux scéniques pour être convaincu que jamais la classe des spectateurs ne fut plus inepte sous tous les rapports. Ces spectateurs, également étrangers aux connaissances préliminaires que le goût de la comédie nécessite et suppose, ignorent jusqu'aux premiers éléments de la grammaire et de la versification, ne savent point distinguer la prose des vers, le comique de la farce, l'enflure du sublime, le pathétique du larmoyant. La sublimité de Corneille les étourdit, ils bâillent aux vers de Racine, Molière n'est pour eux qu'un froid écrivain, la gaîté de Renard les révolte, la raison de Destouches les ennuie, la naïveté de Dancourt les scandalise. Et c'est à de tels juges, bon Dieu, que sont confiées en France aujourd'hui les destinées de l'Art dramatique. "

Grimod de la Reynière nous dit qu'on ne doit pas être étonné de la nullité de leurs connaissances si on analyse la majorité des parterres des grands spectacles.

" Ce sont d'abord des soldats, puis des êtres à peine sortis de l'enfance, qui seraient mieux placés à l'école qu'au théâtre " ; en troisième lieu des ouvriers de la dernière classe du peuple, enfin quelques commis, " classe autrefois éclairée, mais qui n'est plus aujourd'hui que le réceptacle d'une foule d'automates, dont un tiers sait à peine écrire, et qui pour se soustraire aux dangers des combats, ont acheté le droit d'entraver les affaires publiques, en obstruant de leur insolente inutilité nos innombrables administrations. "

2 et 3. Nous avons mentionné tout-à-l'heure un genre spécial de mélodrame qui est assez distinct du mélodrame historique ou héroïque.. C'est le mélodrame bourgeois " fils dévoyé " du drame sentimental du XVIIIᵉ siècle. La nouveauté du genre " larmoyant " de La Chaussée consiste à provoquer les larmes en représentant la vie bourgeoise qui, jusqu'alors n'avait guère été mise en scène que pour divertir l'auditoire. Nous retrouvons là l'idée que s'appropria Diderot et d'après laquelle il composa son *Père de famille* et son *Fils Naturel*. Voici un bref résumé des théories de Diderot : Le drame, genre intermédiaire, doit se placer à égale distance entre la tragédie et la comédie. Les personnages seront, comme dans la Comédie, des gens de condition moyenne. Mais au lieu que le *caractère* soit ici l'important, ce sera la *condition*. " Que quelqu'un ", écrit Diderot, " se propose de mettre sur la scène la condition du juge, qu'il intrigue son sujet d'une manière aussi intéressante qu'il le comporte et que je le conçois ; que l'homme soit forcé par les fonctions de son état, ou de manquer à la dignité et à la sainteté de son ministère, et de se déshonorer aux yeux des autres et aux siens, ou de s'immoler lui-même dans ses passions, ses goûts, sa fortune, sa naissance, sa femme et ses enfants, et l'on prononcera après, si l'on veut, que le drame honnête et sérieux est sans chaleur, sans couleur et sans force ".[1]

---

[1] Diderot. *Entretiens sur le Fils Naturel,* 1757 ; *De la poésie dramatique,* 1758. Voir les t. VII et VIII de l'édition Assenzat.

Du contraste entre la condition et les événements
naîtra donc l'intérêt. De la situation, naîtra le caractère. C'est là le trait essentiel de la théorie nouvelle.
Dans le drame, on s'occupera d'abord de nous montrer
un père, un fils, un juge ; on songera ensuite au caractère qui sera celui de ce père, de ce fils, de ce juge.

Voici encore un trait qui constitue le genre : la
comédie avait pour objet de nous divertir, le drame
doit nous émouvoir. Vingt ans plus tard Sedaine
donna *le Philosophe sans le savoir* (1785). C'est lui
qui a réalisé le type du drame bourgeois tel que le
comprenait Diderot. Cette pièce est naturelle sans
platitude, pathétique sans pleurnicherie, morale sans
pédantisme.

Enfin pour terminer ce résumé de l'histoire du drame
bourgeois, nous citons quelques passages de Beaumarchais tirés de son *Essai sur le genre dramatique sérieux*
qu'il écrivit pour servir de préface à *Eugénie*. [1]

" Est-il permis d'essayer d'intéresser un peuple au
théâtre et de faire couler ses larmes sur un événement
tel, qu'en le supposant véritable et passé sous ses
yeux entre des citoyens, il ne manquerait jamais de
produire cet effet sur lui ? Car tel est l'objet du genre
honnête et sérieux.... Le véritable intérêt du cœur,
sa vraie relation est donc toujours d'un homme à un
homme et non d'un homme à un roi. Aussi, bien loin
que l'éclat du rang augmente en moi l'intérêt que je

---

[1] *Eugénie,* drame en cinq actes, représenté pour la première fois sur le
Théâtre de la Comédie Française le 25 juin 1767, par P.A. Caron de
Beaumarchais.

prends aux personnages tragiques, il y nuit au contraire.... La véritable éloquence du drame est celle
des situations.... Je pense que le genre sérieux doit
s'écrire en prose. "

On n'a qu'à lire au hasard un des mélodrames
bourgeois de Pixerécourt ou de ses contemporains
pour reconnaître tout de suite le rôle que jouent ici
les théories de Diderot et de Beaumarchais et les
œuvres de La Chaussée et de Sedaine. C'est là que
les auteurs de mélodrames ont puisé leurs tirades
sentimentales et leurs fastidieuses moralités. *Valentine
ou la Séduction* par Pixerécourt aurait pu être écrite
par Beaumarchais ou Sedaine. Pixerécourt d'ailleurs
ne nie pas sa dette à Sedaine. Il avait pour lui une
admiration profonde. En parlant des unités, il nous
rappelle que Sedaine se contentait d'observer les deux
unités d'action et de temps et que lui Pixerécourt
n'a jamais eu la prétention de faire mieux ; il n'a
voulu jamais que l'imiter. [1]

4. Nous sommes d'accord aussi avec ceux qui
voient dans le mélodrame l'influence de Mercier,
mais c'est plutôt dans ses idées que dans son œuvre
que Pixerécourt a voulu l'imiter, et quelques passages
du *Traité du Théâtre* [2] suffiront à démontrer ce que le

---

[1] *Dernières réflexicns sur le Mélodrame.* Paris 1843. (Théâtre choisi,
t. IV, p. 497.) Pixerécourt écrit ailleurs : " J'ai toujours procédé d'après
l'école de Sedaine, que je crois incontestablement la meilleure."

[2] *Du Théâtre ou Nouvel Essai sur l'art dramatique,* par Sébastien Mercier.
Amsterdam, 1773.

mélodrame lui doit : " Quelle sera donc la tragédie véritable ? " Voilà la question que Mercier se pose dès le début. Il a la réponse toute prête. " Ce sera celle qui sera entendue et saisie par tous les ordres de citoyens. "

Puis il esquisse le caractère de ce nouveau drame :

" Le drame peut donc être tout à la fois un tableau intéressant, parce que toutes les conditions humaines viendront y figurer ; un tableau moral parce que la probité morale peut et doit dicter des lois ; un tableau du ridicule, et d'autant plus avantageusement peint que le vice seul en portera les traits, un tableau riant, lorsque *la vertu après quelques traverses jouira d'un triomphe complet*". Et un peu plus loin : " Ah ! si La Chaussée, si pur, si élégant, si noble avait un peu plus de force, d'intérêt et de chaleur, le Drame existerait aujourd'hui dans toute sa beauté et toute dissertation deviendrait inutile. "

A la question de savoir si le poète dramatique doit travailler pour le peuple, il répond d'une façon assurée:

" Un drame, quelque parfait qu'on le suppose, ne saurait trop être à la portée du peuple ; il ne pourrait même paraître parfait qu'en parlant éloquemment à la multitude .... Le Poète n'a pas besoin de s'élever jusqu'aux nues pour parvenir à le toucher; qu'il avance une vérité intéressante, une maxime juste, qu'il offre un tableau naïf et touchant, il verra tous les cœurs s'émouvoir, il les soulèvera avec le fil tout puissant qu'il tient à la main. "

Un peu plus loin il s'écrie : " Et pourquoi fermezvous votre théâtre au peuple, nation orgueilleuse ou avare ? Si vous jugez le spectacle utile, de quel droit en privez-vous la partie la plus nombreuse de la société ? Pourquoi la renvoyez-vous sur les boulevards entendre des pièces licencieuses où triomphent le vice et la grossièreté ? ”

Puis dans une note :

“ Il serait d'un bon gouvernement de veiller aux plaisirs du petit peuple, qui a tant de fardeaux à supporter qu'il faut être barbare pour lui refuser des fêtes et des amusements ; il aime naturellement le spectacle.. On empoisonne son âme de ces sales turpitudes, dont le peuple sent lui-même la grossièreté ; et la police protège un pareil scandale, qui suffirait seul à avilir une nation ! Quel sera l'auteur qui songera à ce bon peuple, qui lui donnera une nourriture saine et agréable, qui saura le réjouir sans le corrompre, qui lui fera aimer son sort sans flatter l'autorité, qui présidera à ses plaisirs honnêtes et lui apprendra à les goûter ? Cet auteur sera plus grand à mes yeux que Corneille, Racine, Crébillon et Voltaire. ”

Et enfin :

“ Je soutiens que le drame doit être écrit en prose de préférence aux vers. ”

5. Nous croyons que M. Gaiffe attache trop d'importance au rôle qu'a joué le *Pygmalion* de Rousseau dans l'histoire du mélodrame. Ce monologue en prose accompagnée de musique, publié en 1775, date, ainsi que nous l'avons vu, de 1766.[1] Rousseau lui

[1] Voir à la page 40 de ce chapitre.

donne le titre de " scène lyrique. " Il ne l'intitule pas
" mélodrame, " il dit seulement qu'en perfectionnant
sa méthode on pourrait offrir au spectateur français
l'espèce de mélodrame (opéra) le plus convenable à
sa langue.

M. Gaiffe donne la liste de toutes les pièces analo-
gues qu'il a pu trouver. Nous croyons que sa liste est
complète, mais il ne prouve aucunement que ce sont
les anneaux d'une chaîne qui rattache *Pygmalion* à
Cœlina. Cinq pièces en tout (dont aucune n'a été
intitulée ' mélodrame ' par son auteur) et dont l'une
est une traduction de l'allemand. Quels sont les
éléments communs entre ces pièces et le mélodrame
de Pixerécourt ? D'abord l'emploi de la musique.
Mais cet emploi appartient non seulement à ces
deux genres, mais aussi à l'opéra proprement dit
et à l'ancien Théâtre de la Foire, ainsi que l'a dit
M. Ginisty. [1]

Reste la question de l'étiquette. Mais n'est-ce pas
au fond la même question ? Les critiques de la fin du
18ᵉ siècle et ceux du 19ᵉ n'ont-ils pas employé le
mot " mélodrame " tout simplement dans son sens
étymologique, pour désigner un drame mêlé de musique, sans pousser plus loin leur analyse ?

En somme est-il possible de croire qu'une vingtaine
d'années ait suffit pour que ce monologue évoluât en
un genre complexe comme le mélodrame ? On n'a
pas besoin du *Pygmalion* pour expliquer le mélodrame.

[1] Voir à la page 67 de ce chapitre.

Si Rousseau ne l'avait jamais écrit, la naissance du mélodrame eût-elle été retardée d'une seule année, d'un seul jour ?

6. D'autre part, nous sommes complètement d'accord avec M. Gaiffe en considérant la 'pantomime dialoguée' comme le véritable précurseur du mélodrame.

Voici très succinctement l'histoire de ce genre.

Vers la fin du 18ᵉ siècle, Nicolet qui avait fondé une troupe d'acteurs, les *Grands Danseurs du Roi*, et qui avait acclimaté sur les boulevards les anciens spectacles des foires, faisait jouer sur son théâtre des pantomimes, telles que l'*Histoire de la Pucelle*, le *Siège d'Orléans*, etc.

Dans ces pantomimes, chaque geste, chaque sentiment était traduit par une phrase musicale rendant avec exactitude le sens de l'action, qui se développait ainsi avec plus de clarté et de rapidité.

Un peu plus tard, Audinot au théâtre de l'Ambigu-Comique faisait jouer des pantomimes ; mais ces pantomimes avaient ceci de particulier qu'elles étaient parlées et dialoguées. Audinot eut l'idée de traduire les gestes et les sentiments des acteurs par des paroles, la musique ne suffisant pas à rendre claire au public l'action des personnages. Ceci n'est plus de la pantomime. C'est un drame plein d'action mêlé de ballets et de musique. C'est ce qu'on appellera plus tard une " féerie " si le sujet est fantasque et léger. Mais si l'action est sombre et tragique, si la musique et les ballets n'ont qu'un rôle secondaire, ce genre sera intitulé " mélodrame." [1]

7. Au public dont parle la Reynière, il fallait des drames pleins d'intérêt et de mouvement. Les auteurs ont très bien senti ce qu'il fallait écrire et faire représenter pour plaire à leurs auditeurs, et ils ont tout de suite puisé leurs sujets aux deux sources qui se trouvaient à leur portée, l'histoire et le *roman*. En effet, si l'on recherche les sources des centaines de mélodrames qu'on a joués à Paris de 1789 à 1835, on trouvera qu'une grande partie de ces pièces ne sont autre chose que des romans changés en drame, ou des faits historiques reproduits sur la scène.

Qu'étaient donc ces romans qui ont fourni la matière de tant de mélodrames ? Ce n'étaient pas seulement les œuvres de romanciers français, tels que Mme Cottin, Ducray-Duminil et d'Arlincourt. C'étaient aussi des romans d'auteurs anglais dont les plus importants sont Defoë, Sir Walter Scott, Monk Lewis, Ann Radcliffe et William Godwin. On n'a qu'à consulter les catalogues des libraires de cette époque pour voir que les amateurs de livres possédaient les ouvrages de ces auteurs sous la forme de traductions. [2]

---

[1] Il y a dans un ouvrage récent de M. G. Michaut un rapprochement très intéressant entre le mélodrame et l'ancien minodrame latin. Voir au chapitre *Le Mime*, p. 328 de " *Sur les Tréteaux Latins* ". Paris, 1912.

[2] Parmi ces recueils nous devons citer les suivants : *Choix de petits romans de différents genres*, par M. L. M. D. P. (le Marquis de Paulny) Londres, 1789, *Collection de Romans et Contes imités de l'anglais*, par de la Place. Paris, Cussac, 1778, et les traductions du Comte de Saint Aulaire.

Mais ce n'est pas seulement du roman moderne que les auteurs de mélodrames se servent. Ce qu'il leur faut, c'est l'aventure sensationnelle et ils en cherchent dans l'épopée, dans la Bible, et même dans les journaux contemporains !

Le mélodrame a recours pour son fond à des incidents sensationnels, il les prend où il les trouve, et c'est dans le roman sensationnel qu'il les trouve en plus grand nombre. Mais ce genre de romans d'où le mélodrame dérive en grande partie ne remonte-t-il pas lui-même à l'épopée ? [1] Ne trouve-t-on pas dans l'épopée à peu près tous les incidents qui se déroulent dans le mélodrame sous les yeux des auditeurs avides d'angoisses et d'émotions violentes ? Ne trouve-t-on pas dans *Les Enfances Roland*, dans *Parise*, dans *Aïol*, ce pauvre enfant royal qui naît dans la misère, dans l'exil, et qui est abandonné un jour par une mégère ou un traître au fond d'un bois où il est allaité et nourri par quelque fauve ? Ne parle-t-on pas souvent dans l'épo-

---

[1] Pour remonter plus loin, *l'Odyssée* est essentiellement un mélodrame de reconnaissance. Cette ressemblance fondamentale entre le mélodrame d'un côté, l'épopée et la nouvelle comédie grecque de l'autre, trouve sa raison dans la continuité de la psychologie du peuple. A toute époque où les demandes du grand public ont dominé la production littéraire, sous n'importe quelle forme — rhapsodies, chansons de gestes, — les auteurs ont donné ce que le public a demandé, et l'histoire mélodramatique sous diverses formes en fut la conséquence. Mais cette apparition de l'élément dit aujourd'hui " mélodramatique " s'est produite à des époques éloignées l'une de l'autre et sous différentes formes, qui par conséquent manquent absolument de continuité historique. Un biologiste dirait qu'il y a là des faits d'homoplasie, non d'homologie.

pée de cette fameuse marque " sur l'épaule droite " à laquelle on reconnaît les fils d'empereurs et de rois ? Ne voit-on pas dans *Les Enfances Vivien*, dans *Florent et Octavien*, ce jeune noble dont la naissance est ignorée et qui est élevé par un vilain ou un paysan quelconque ? Ne trouve-t-on pas dans *Berthe aux grands pieds* la femme innocente et persécutée dont la vertu est enfin reconnue ? et enfin, pour le traître du mélodrame qui commet ou essaie de commettre mille crimes invraisemblables et qui finit toujours par être puni, n'avons-nous pas Ganelon dans *Roland*, Macaire dans *Aïol* et dans la *Reine Sibille*, Froment dans *Garin le Loherain*, et Amauri dans *Huon de Bordeaux*, pour ne mentionner que quelques-uns ?[1]

Le mélodrame comme l'épopée s'adresse à un grand public ; ils ont le même besoin d'action et de mouvement, les mêmes invraisemblances, la même absence de toute analyse psychologique. Et ce fondement essentiellement social sur laquelle repose le mélodrame, à savoir que le crime doit être puni et la vertu récompensée, ne se trouve-t-il pas dans l'épopée française, qui l'emprunte sans doute à la Νέμεσις des Grecs ?

Mais il faut s'entendre. Nous ne voulons pas trop insister sur cette ressemblance entre le mélodrame et

---

[1] Voici une liste de pièces dont les auteurs ont puisé directement dans l'épopée : *Charlemagne*, par Rigomer Bazin, 1817 ; *Clovis*, par Belin, 1790; *Frédégonde et Brunehaut*, par J.H.E.L., 1815 ; *Lothaire, roi de Lorraine*, par Gudin, 1769 ; *Le Chien de Montargis*, par Pixerécourt, 1814 ; *Richardet et Bradamante ou les fils Aymon*, par Caigniez, 1804 et *Pharamond*, par Ducange, 1813.

l'épopée. Si le mélodrame ressemble à l'épopée pour le fond, la forme des deux genres n'a rien de commun.

8. Sans aucun doute le théâtre allemand a eu une grande influence sur le mélodrame en France. Ainsi que l'a dit M. Charles Joret,[1] ce fut surtout quand le théâtre restauré en Allemagne eut commencé à produire des œuvres originales que les auteurs français se firent les tributaires empressés des écrivains germaniques. *Miss Sara Sampson* de Lessing fut jouée à Saint-Germain, sur le théâtre du duc d'Agen,[2] Klopstock fut imité, et ses pièces furent refaites en français,[3] Mercier emprunta à l'allemand Cronegk le sujet d'*Olinde et Sophronie*. En 1781-2 parut le *Nouveau Théâtre Allemand* en 12 volumes par M. Friedel, contenant entre autres drames des pièces de Gœthe, de Schiller, de Weisse et de Klopstock. Mais c'est peut-être *Les Brigands* de Schiller qui a eu le plus d'influence sur le mélodrame. En dehors des traductions, cette pièce fut adaptée par Lamartellière sous le titre de *Robert Chef de Brigands*, en 1793, et par Auguste Creuzé dans *les Voleurs*, en 1795.

Nous devons aussi mentionner le *Théâtre allemand ou recueil des meilleures pièces dramatiques tant anciennes que modernes qui ont paru en langue allemande, précédé d'une dissertation sur l'origine, les progrès et l'état actuel*

---

[1] *Des rapports intellectuels et littéraires de la France avec l'Allemagne avant 1789*, par Ch. Joret, Paris, 1884.

[2] *Correspondance de Grimm*, décembre 1761.

[3] *La Mort d'Adam*, par Mme de Genlis dans le " Théâtre d'éducation à l'usage de la jeunesse ", Paris, 1779.

de la poésie théâtrale en Allemagne. Paris, in-12 1772, qui eut une nouvelle édition en 1785. Ce recueil fut publié par Junker, traducteur célèbre de l'époque.[1]

D'ailleurs la parfaite connaissance qu'avait Pixeré-court de la langue allemande le prédisposait à s'inspirer de Goethe, de Schiller et de Kotzebue. Pixerécourt ne se contentait pas de lire et de traduire les auteurs allemands. Il s'en servit pour écrire au moins six de ses mélodrames.[2]

C'est surtout sous la forme de romans que la litté-rature anglaise a joué un rôle dans l'origine du mélodrame. Mais l'œuvre dramatique de Shakespeare, œuvre que Voltaire d'abord et Ducis ensuite ont introduite en France, y compte pour quelque chose.

Peut-être le mélange du grotesque et du tragique, du rire et des pleurs qu'on rencontre si souvent dans ses tragédies a-t-il eu une influence sur le comique

[1] Pixerécourt lui-même avait dans sa bibliothèque les collections suivantes de traductions de pièces allemandes :

Théâtre des Variétés Etrangères, ou Choix des meilleures pièces des Théâtres Allemands, Italiens et Anglais, représentées avec succès à Paris en 1807. Paris, Renouard, 1804, 4 vol. in-8°.

Théâtre allemand ou Recueil de diverses pièces, traduit en Français, par C... D... Amsterdam, 1769.

Nouveau Théâtre Allemand par Friedel et Bonneville. Paris, 1782-5, 12 volumes, in-8°.

Les Voleurs, tragédie imitée de l'allemand de Schiller par Aug. Creuzé de Lesser. Paris, an III.

Don Carlos, infant d'Espagne, par Schiller, traduit par Ad. Legay. Paris, an VIII.

Théâtre de Schiller, traduit par Lamartellière. Paris, 1799. 2 vol. in-8°.

[2] Voir au Chapitre III *passim.*

du mélodrame. Nous savons que Pixerécourt avait lu Shakespeare. Il lui fait des emprunts et l'imite dans *Robinson Crusoë*, dans *Christophe Colomb* et dans *Marguerite d'Anjou*. [1] Bien qu'on l'ait appelé en plaisantant le Shakespeare français [2] nous n'insistons pas trop sur cette influence, car nous verrons que le comique du mélodrame est un genre spécial inventé par Pixerécourt.

Voilà donc les différentes causes et influences qui ont contribué à l'origine du mélodrame, genre complexe, amalgame du drame bourgeois, de la tragédie, de la comédie, de l'opéra, de la pantomime, qui à force de ressembler à tout à la fois, finit par ne plus ressembler à rien. Il reste seulement à voir le rôle que Pixerécourt lui-même a joué dans la création du genre. Ce n'est pas lui qui l'a inventé. Il existait déjà des pièces qui étaient des mélodrames pour le fond et pour la forme. Mais Pixerécourt en est le législateur. La formule du mélodrame se dégage de *Coelina ou l'Enfant du Mystère* (2 septembre 1800). Nous citons un extrait du livre de M. Paul Ginisty [3] sur le *Mélodrame* qui montre très nettement comment Pixerécourt a codifié le mélodrame :

" Le Mélodrame aura désormais ses lois : quatre

---

[1] Voir aux Chapitres III et IV.

[2] Nodier dans ses lettres l'appela souvent " mon cher Shakespeare ", " mon cher Shakespirécourt ". Marchangy le traite de " votre irritabilité Shakespearienne ".

[3] Paris 1910, p. 14.

personnages essentiels, le troisième rôle, tyran ou traître, souillé de tous les vices, animé de toutes les passions mauvaises — une femme malheureuse ornée de toutes les vertus — un honnête homme protecteur de l'innocence — le comique ou le " niais " selon le terme consacré, qui fera surgir le rire au milieu des pleurs. Le traître persécutera sa victime, celle-ci souffrira jusqu'au moment où son infortune étant au comble, l'honnête homme arrivera pour la délivrer et tirer de son ennemi une vengeance exemplaire, assisté du comique qui se rangera traditionnellement du côté des opprimés. Le style sera imposant par son emphase et par le luxe des maximes morales semées au cours du dialogue, par l'abondance des épithètes. Trois actes, généralement.... La structure aura un développement uniforme : le premier acte consacré à l'amour, le second au malheur, le troisième au triomphe de la vertu et au châtiment du crime. Le ballet est ingénieusement amené selon la circonstance, ainsi que le combat qui est indispensable. La musique qui joue un rôle important (les brochures de Pixérécourt nomment toujours le musicien) souligne les situations dramatiques, accompagne l'entrée et la sortie des personnages, augmente l'effet des émotions produites, ouvre l'âme et la prépare au genre de sentiment qu'on va développer devant elle. "

CHAPITRE III

L'ŒUVRE MÉLODRAMATIQUE DE PIXERÉCOURT

La recherche des sources des pièces de Pixerécourt. Classification de ses mélodrames par rapport à leurs sources. Etude des mélodrames.

Des cinquante-trois mélodrames de Pixerécourt il en est quarante-trois dont nous avons pu retrouver les sources. Avant de donner la liste de ces pièces avec les sources de chacune d'elles nous croyons devoir exposer les moyens qui nous ont permis d'arriver à ce résultat.

En premier lieu, Pixerécourt indique lui-même les sources de quelques-uns de ses mélodrames. En second lieu le *Théâtre choisi* de Pixerécourt publié de 1841 à 1843 contient des notices littéraires dues à ses amis et des jugements des journaux qui ont paru au lendemain des premières représentations. C'est là que nous avons trouvé des renseignements sur les sources de la majeure partie des mélodrames contenus dans ce recueil. Pour les autres mélodrames nous avons consulté les journaux contemporains et nous y avons souvent rencontré des indications utiles. Les journaux qui nous ont été les plus utiles sont le *Courrier des Spectacles*, le *Journal de Paris*, le *Journal des Spectacles*, la *Gazette de France*, le *Journal des Arts*, le *Courrier de l'Europe* et le *Journal des Débats*.[1]

Parmi les critiques de ces journaux il faut mentionner les noms de Dusaulchoy dans le *Journal de Paris* ; de Colnet dans la *Gazette de France* ; de Lepan dans le *Journal des Spectacles* ; de Salgues dans le *Courrier de l'Europe* et enfin de Geoffroy dans le *Journal des Débats*. A partir de 1805, la grande presse s'occupe sérieusement des théâtres secondaires et les critiques qui connaissaient sans doute Pixerécourt, ont pu obtenir de lui des renseignements sur les sources de ses mélodrames.

Enfin, nous avons consulté le *Catalogue de la Bibliothèque de Pixerécourt*, composé par Charles Nodier et Paul Lacroix en collaboration avec Pixerécourt, et publié en 1838. Ce catalogue est particulièrement précieux parce qu'il nous donne les éditions mêmes des livres dont Pixerécourt s'est servi. A la page 300, Lacroix a inséré la note suivante :

" On retrouve dans la bibliothèque de M. de Pixerécourt la plupart des sources de ses drames qui ont eu tant de vogue et d'applaudissements pendant trente ans et qui amenèrent une véritable révolution théâtrale en France, où le drame d'action de Schiller et de Kotzebue succéda au drame larmoyant de La Chaussée. "

---

[1] Nous donnons à la Bibliographie la liste complète des journaux que nous avons consultés.

Il reste quelques pièces dont nous n'avons pas réussi à trouver les sources. Pixerécourt était un homme doué d'une imagination tout à fait extraordinaire et il n'y aurait rien d'étonnant à ce que ces pièces fussent dues entièrement à son invention.

Nous examinerons les pièces de Pixerécourt selon la classification suivante, en observant dans chaque groupe l'ordre chronologique.

A. MÉLODRAMES TIRÉS DE ROMANS FRANÇAIS

Victor, 1797.
Cœlina, 1800.
Le Pèlerin Blanc, 1801.
La Femme à deux Maris, 1802.
Les Maures d'Espagne, 1804.
Le Fanal de Messine, 1812.
Le Petit Carillonneur, 1812.
Le Belvéder, 1818.
La Fille de l'Exilé, 1819.
Le Mont Sauvage, 1821.
La Place du Palais, 1824.
Les Natchez, 1827.
La Muette de la Forêt, 1828.
Judacin, 1830.
L'Allée des Veuves, 1833.
Valentine ou le Château et la Ferme, 1834.

B. MÉLODRAMES TIRÉS DE ROMANS ÉTRANGERS

Le Château des Apennins, 1798.
Rosa, ou l'Hermitage du Torrent, 1800.
Robinson Crusoë, 1805.
Les Chefs Ecossais, 1819.

Le Château de Loch-Leven, 1822.
Ali Baba, 1822.
La Tête de Mort, 1827.

C. MÉLODRAMES HISTORIQUES

Pizarre, 1802.
Tékéli, 1803.
Marguerite d'Anjou, 1810.
Les Ruines de Babylone, 1810.
Le Chien de Montargis, 1814.
Charles le Téméraire, 1814.
Christophe Colomb, 1815.
La Peste de Marseille, 1828.
Olivier, 1829.
Latude, 1834.

D. MÉLODRAMES TIRÉS D'AUTRES DRAMES

L'Homme à trois Visages, 1801.
La Forteresse du Danube, 1805.
Le Solitaire de la Roche Noire, 1806.
Le Monastère abandonné, 1816.
Guillaume Tell, 1828.
L'Aigle des Pyrénées, 1829.
La Lettre de Cachet, 1831.

E. MÉLODRAMES TIRÉS DE L'HISTOIRE CONTEMPORAINE

Le Suicide ou le Vieux Sergeant, 1816.
La Chapelle des Bois, 1818.
Alice ou les Fossoyeurs Ecossais, 1829.

F. MÉLODRAMES DONT ON NE CONNAIT PAS LES SOURCES

Les Mines de Pologne, 1803.
Le Grand Chasseur ou l'Ile des Palmiers, 1804.
L'Ange Tutélaire ou le Démon Femelle, 1808.

La Citerne, 1809.
Le Précipice ou les Forges de Norwège, 1811.
Valentine ou la Séduction, 1821.
Le Moulin des Etangs, 1826.
L'Abbaye au Bois ou la Femme de Chambre, 1832.
Six Florins ou la Brodeuse et la Dame, 1832.

Cette classification nous montre tout de suite que Pixerécourt avait une prédilection très nette pour les sujets historiques et pour les sujets tirés de romans.

Il puisait de préférence à des sources françaises, mais il écrivait aussi des pièces dont il empruntait l'intrigue à des auteurs allemands et anglais. Nous savons qu'il lisait les auteurs allemands dans le texte, car il connaissait cette langue à fond. [1]

Quant à l'anglais, il l'ignorait ou à peu près, et il a dû lire dans des traductions les œuvres des auteurs qui lui ont servi pour ses mélodrames.

Les mélodrames de Pixerécourt sont d'une valeur bien inégale : en particulier ceux qu'il a écrits en collaboration avec d'autres auteurs sont d'un ordre très inférieur.

Pour quelques-unes de ces pièces, nous nous bornerons donc à en signaler les sources, et à en donner quelques détails sommaires, car elles ne méritent point un examen approfondi. Quant à certaines autres qui nous paraissent importantes, parce qu'elles sont plus origi-

---

[1] Il a traduit quelques-unes des œuvres de Kotzebue, de Meissner et d'autres écrivains allemands.

nales, nous les examinerons d'une façon plus détaillée.[1]

Le premier en date des mélodrames tirés de romans français est *Victor ou l'Enfant de la Forêt*, 10 juin 1798.[2] Ce mélodrame appartenait quant au fond à Ducray-Duminil, rédacteur du *Journal des Petites Affiches*, qui avait écrit en 1797 un roman intitulé *Victor ou l'Enfant de la Forêt*. La pièce, sous sa forme première de drame lyrique, fut reçue au Théâtre Favart, le 9 novembre 1797. La musique en était confiée à Solié, ami nancéen de Pixerécourt qui, de musicien d'orchestre s'était fait chanteur, et de chanteur compositeur. Pixerécourt nous raconte pourquoi il a dû la changer en mélodrame.

" J'appris dans les derniers jours d'avril suivant qu'un opéra sur le même sujet avait été lu secrètement au Théâtre Favart. La pièce était de M. de Saint-Just et la musique de Boyeldieu (sic). La réception avait été unanime. On se promettait de monter l'ouvrage immédiatement, c'est-à-dire au mépris de la promesse qui m'avait été faite que j'entrerais en répétition sous quelques semaines. Solié... vint m'avertir de ce qui se tramait ; il ne me laissa rien ignorer des projets hostiles de ses camarades. Je n'étais pas homme à me laisser berner par ces messieurs. J'exprimai à Solié tous mes regrets de la peine qu'il avait prise en composant les deux tiers de notre opéra, et je résolus de punir les comédiens de leur félonie. Je courus en

[1] Nous réservons d'ailleurs pour une étude spéciale dix de ses mélodrames que nous étudierons au chapitre IV.

[2] Nous donnons dans ce chapitre, à moins d'indication spéciale, la date de la première représentation de chaque pièce.

toute hâte au Théâtre de l'Ambigu-Comique. *Victor* fut reçu avec enthousiasme et je supprimai les morceaux de musique. Ceci explique comment cet ouvrage n'a pas tout à fait l'ampleur d'un drame ordinaire comme je les ai faits depuis. Il fut mis en répétition le 3 mai, et un mois après il fut joué avec un tel succès que le Théâtre Favart renonça tout-à-fait à monter l'opéra de Saint-Just. " [1]

Nous voyons déjà dans cette pièce la manière qui devait faire surnommer Pixerécourt le " Corneille du Boulevard ". Il y a là ce sublime naïf dans les conflits de sentiments qui consiste dans la cruelle alternative où se trouve le héros de la pièce d'outrager la voix de la nature en tuant son père Roger, le chef des brigands, ou d'être un monstre d'ingratitude en ne protégeant pas son père adoptif, qui consent à lui donner sa fille Clémence. Le secret de la naissance de Victor est révélé au moment même où le château du père adoptif de Victor est attaqué par les bandits. Victor, heureusement, sauvera son généreux protecteur sans commettre un parricide. Mais, fils d'un brigand, pourra-t-il épouser Clémence ? Il va trouver Roger auquel il vient d'épargner la vie, et le supplie de renoncer au brigandage et de se retirer dans une retraite profonde. Roger lui répond qu'il n'est pas un brigand vulgaire (les brigands vulgaires n'existent pas dans le mélodrame), mais un vengeur qui agit par amour de l'humanité. Heureusement la Pro-

[1] *Théâtre choisi*, t. I, p. 11.

vidence est là pour dénouer la situation. Roger est blessé à mort par les troupes lancées à la poursuite des brigands. Avant de rendre le dernier soupir, il demande son fils Victor qui se présente accompagné de Clémence et de son père. Dans les dernières paroles de la pièce se trouve la moralité, qui, d'ailleurs, ne manque jamais dans la tirade suprême des personnages de Pixerécourt, et qui dégage la leçon de la pièce :

Roger. — J'ai voulu te voir à mes derniers moments, mon fils ; j'ai voulu te faire l'aveu des crimes que j'ai cherché vainement à te déguiser sous les systèmes les plus faux et les plus dangereux. (*Au baron :*) Vous, à qui je dois le bonheur d'avoir vu mon fils, et qui l'avez préservé de la séduction et des crimes auxquels mon exemple aurait pu le porter, vous qui méritez seul d'être nommé son père, ne l'abandonnez pas ; oubliez le sang dont il sort pour ne vous souvenir que de ses vertus... Consentez à l'unir à votre fille. Ah ! si la mort n'était pas venue m'arracher à tout ce que j'aime, Roger aurait pu vous forcer, peut-être, à l'estimer. Clémence aurait pu, sans rougir, se nommer ma fille... Adieu, Victor, pardonne moi ta triste existence.

Le Baron. — Soldats, et vous qui êtes ici les témoins de la fin déplorable d'un homme qui, dirigé vers le bien, eût été peut-être un héros, n'oubliez jamais son exemple, ses remords ; que ce triste moment soit sans cesse présent à votre pensée ; qu'il vous rappelle qu'il est une heure suprême où le coupable ne peut plus se faire illusion sur ses crimes, et qu'il n'est de repos à ses derniers instants que pour celui qui ne s'est jamais écarté du sentier de l'honneur et de la vertu."

Il suffit d'ajouter que Pixerécourt suit de très près le roman de Ducray-Duminil. Ce n'est que plus tard qu'il s'affranchira davantage de ses sources.

Nous réservons pour une étude détaillée *Coelina* [1] et la *Femme à deux Maris* [2] tous les deux adaptés de romans de Ducray-Duminil.

Le Pèlerin Blanc ou les Orphelins du Hameau (6 avril 1801) est aussi tiré d'un roman de Ducray-Duminil portant pour titre " *Les Petits Orphelins du Hameau* [3] " mais l'œuvre du romancier n'est pas de sa propre invention. " La première idée de cet ouvrage appartient ", dit Pujoulx dans sa notice de la pièce, [4] à Marsollier qui composa en 1789 avec Dalayrac, son collaborateur heureux et fidèle, un opéra comique intitulé *Les Petits Savoyards* que toute la France a applaudi pendant quarante ans. C'est, à n'en pas douter, ce joli opéra qui a fourni à Ducray-Duminil le plan des *Petits Orphelins du Hameau*. Par suite c'est évidemment le succès brillant obtenu par les rôles des deux Savoyards qui a déterminé l'auteur du *Pèlerin Blanc* à les retracer dans son drame."

Pixerécourt a emprunté au roman les noms des personnages et une partie de l'intrigue. Mais il a su

---

[1] Chapitre IV.
[2] Chapitre IV.
[3] Paris, 1799.
[4] *Théâtre choisi*, t. I, p. 78.

abandonner son modèle, créer des situations, même un fond nouveau. " Il s'est frayé une nouvelle route ", dit Babié dans sa critique, " Il a créé des incidents nouveaux et fait pour ainsi dire un roman nouveau pour servir à son nouveau drame. [1] "

Les sources des *Maures d'Espagne ou le Pouvoir de l'Enfance* (9 mai 1804) sont d'abord la nouvelle de Florian, *Gonzalve de Cordoue* (Paris, 1791) puis les *Hussites à Naumbourg*, drame par A. von Kotzebue (1800). Nous lisons dans le *Courrier des Spectacles*[2] " L'époque la plus intéressante de l'empire des Maures en Espagne avait fourni à Florian le fond de son roman de *Gonzalve de Cordoue*, et l'on sait tout le parti que l'auteur de *Zoraïme et Zulnar* a tiré de ses principaux épisodes. M. G. Pixerécourt... vient de puiser à la même source. "

Et Pixerécourt proclame :

" L'idée d'envoyer les enfants dans le camp du vainqueur, pour lui demander grâce, ne m'appartient pas ; je l'ai empruntée d'une pièce de Kotzebue intitulée " *Les Hussites à Naumbourg.* " Mais comme tout l'intérêt du drame allemand repose sur une guerre de religion, et que je pense qu'il est extrêmement délicat et peut-être inconvenant de traiter cette matière sur un théâtre français, j'ai cru devoir adapter cette situation à une autre fable également historique, mais plus généralement connue. Les personnes à qui la littérature allemande est familière pourront se con-

[1] *Journal d'indications*, 18 germinal an IX (1801).
[2] *Courrier des Spectacles*, 20 floréal an XII (1804).

vaincre que le plan, les motifs, la conduite, le dénouement et les tableaux de ma pièce n'appartiennent qu'à
moi seul. [1] "

Cette pièce est exceptionnelle, car Pixerécourt y
renonce à l'élément comique et ne veut qu'attendrir.
Il nous montre la tribu des Abencérages vaincue et
décimée, faisant plaider sa cause auprès du vainqueur
par d'innocentes enfants, conduites par une mère
courageuse qui s'est travestie en vieillard. C'est à
cette absence d'élément comique qu'est dû, selon
Pixerécourt, le manque de succès de la pièce, qui
n'eut qu'une trentaine de représentations de suite [2].

Nous étudierons plus tard le *Fanal de Messine*
(1812) [3] inspiré par le poème romanesque de *Phrosine
et Mélidore* par Bernard. Dans *le Petit Carillonneur*
(1812), Pixerécourt est inspiré par un roman de
Ducray-Duminil dont il emprunte aussi le titre. [4]
Il ajoute à l'intrigue du roman des personnages et des
situations de sa propre invention. C'est une pièce qu'il
dit avoir écrite en société, mais nous ne connaissons
pas les noms de ses collaborateurs. Ce mélodrame n'a
eu que très peu de succès et a encore moins de mérite.

En 1818, Pixerécourt fit jouer *Le Belvéder ou la
Vallée de l'Etna*. La source de cette pièce est *Jean
Sbogar* le célèbre roman de Charles Nodier (Paris

[1] *Théâtre choisi*, t. II, p. 16.
[2] *Théâtre choisi*, t. II, p. 15.
[3] Chapitre IV.
[4] *Le Petit Carillonneur*, Paris 1803.

1818), mais Pixerécourt s'est inspiré aussi du drame de Schiller, *Die Räuber* (1782). *Le Courrier des Spectacles* (11 décembre 1818) esquisse la comparaison de l'original et de la copie :

" Le fameux roman de *Jean Sbogar* s'était à peine montré sur notre horizon littéraire, que mille auteurs de tous genres, en lisant les hauts faits de cet illustre brigand, brochaient déjà le canevas dramatique sur lequel ils devaient bientôt l'offrir à l'impatiente admiration d'un public toujours avide du merveilleux et de l'extraordinaire. Les plus empressés ne sont pas toujours les plus heureux. Du moins, M. Cuvelier en a fait récemment la triste épreuve dans son mélodrame *Jean Sbogar*, pour avoir voulu nous donner le premier un échantillon de son talent à arranger les romans en mélodrames. Il ne nous a offert qu'une froide et pâle esquisse de *Jean Sbogar*, dépouillée des situations les plus attachantes du roman et surtout du prestige qui en a déterminé le succès ; en un mot du style qui est la partie la plus recommandable de Charles Nodier. L'auteur du Belvéder, moins prompt, mais plus sage et plus judicieux, en puisant à la même source que son devancier a su éviter l'écueil où celui-ci faillit échouer. Il a fort bien senti que le roman de *Jean Sbogar* pouvait fournir matière à un mélodrame, mais non le composer entièrement ; aussi n'en a-t-il pris que la partie saillante. Du reste il a su créer et amener des situations nouvelles qui, en se rattachant à celles que lui donnait le roman, forment un intérêt gradué et bien soutenu qui a assuré le succès de l'ouvrage." [1]

[1] Journaux consultés : *Gazette de France*, 11 décembre 1818 ; *Journal des Débats*, même date ; *La Quotidienne*, même date ; *Journal des Arts*, même date.

Ce mélodrame eut 231 représentations et fut traduit en plusieurs langues. En voici le sujet :

Injustement banni de la Sicile, sa patrie, Lorédan va chercher dans les combats la gloire ou plutôt la mort. Le vaisseau qui l'emporte est attaqué par des pirates et tout son équipage est massacré. Seul, appuyé contre le grand mât, il résiste, et déjà il s'est fait un rempart de cadavres. Cette valeur, plus qu'humaine, frappe d'admiration les barbares qui tombent à ses genoux et le proclament leur chef à la place de Spalatro, tué dans le combat. Le nom de Spalatro devenu terrible dans les mers d'Italie et d'Afrique est imposé à son successeur qui reçoit les serments de ses guerriers. Le nouveau Spalatro les pousse contre les habitants des côtes d'Afrique, et l'Italie doit sa sécurité à ce pirate qu'elle maudit. L'intrigue se complique. Sous le nom de Giovanni, Lorédan-Spalatro est devenu éperdument épris de la belle Emilia, fille du duc de Belmonte, président des Etats de la Sicile. Elle répond à son amour. Mais Léonard, lieutenant de Lorédan, craint que cette passion ne s'empare de l'âme de son capitaine. La vie d'Emilie est menacée. Lorédan arrive et fait retentir le nom de Spalatro. A ce nom magique les brigands pétrifiés se retirent. Emilia qui ne s'en doutait guère auparavant, apprend qu'elle est l'épouse d'un chef de bandits. Pour la calmer il lui fait l'entière confidence de ses malheurs. Cependant la ville de Catane est attaquée. Giovanni-Lorédan-Spalatro fait des prodiges de valeur, sauve le duc de Belmonte, et grâce à la reconnaissance publique obtient sa réhabilitation.

En 1819, Pixerécourt donna *La Fille de l'Exilé*

que nous étudierons plus loin.[1] En 1821 nous avons de lui *Le Mont Sauvage ou le Duc de Bourgogne*, tiré du roman *Le Solitaire*, par Charles Victor Prévôt vicomte d'Arlincourt (Paris, 1820).[2] Le mélodrame est peu original et notre auteur suit d'assez près le roman d'Arlincourt, quoiqu'il invente des personnages et des incidents nouveaux. La pièce eut 263 représentations et fut traduite en plusieurs langues.[3]

En 1824 Pixerécourt fit jouer *La Place du Palais*, adaptation très libre de *Frère Jacques*, roman de Paul de Kock (Paris, 1822).[4] La pièce n'est pas bonne et n'eut que 56 représentations à Paris.

En 1827 Pixerécourt eut recours au roman de Chateaubriand *Les Natchez* qui avait paru l'année précédente, pour en tirer un mélodrame qu'il intitula: *Les Natchez ou la Tribu du Serpent*. Il emprunte quelques scènes et quelques personnages au roman, mais, comme d'habitude, il invente des situations et ajoute des personnages. La pièce est faible, et elle n'eut que 49 représentations.

Pour *La Muette de la Forêt*, 29 janvier 1828, écrit par Pixerécourt en collaboration avec Benjamin Antier, nous avons un renseignement précieux dans *Le Journal de Paris*, 30 janvier 1828 :

---

[1] Chapitre IV.

[2] Journaux consultés : *Journal de Paris*, 13 juillet 1821 ; *Courrier des Spectacles*, même date.

[3] *Théâtre choisi*, t. I, p. LXXIV.

[4] Journaux consultés : *Journal de Paris*, 27 mars 1824 ; *La Quotidienne*, même date.

" Tous les journaux ont publié ces jours derniers une circulaire dans laquelle, pour éviter le reproche de plagiat, l'auteur avouait franchement qu'il avait puisé sa pièce à des sources déjà bien connues du public ; il faut en convenir, cet aveu singulier n'était pas du moins une précaution inutile, car sans parler du roman de M. Paul de Kock[1] ni du *Moine*[2] que rappelait la circulaire, on aurait reconnu dans le mélodrame nouveau presque toute la fable de l'opéra de Marsollier,[3] intitulé *Deux Mots, ou la Nuit dans la Forêt.*"

Cette pièce qui n'offre pas un grand intérêt et ne mérite pas d'être analysée, eut cependant 200 représentations.

Le mélodrame, *Judacin ou les Filles de la Veuve,* 4 septembre 1830, dont le manuscrit autographe porte pour titre *Le Jésuite* est tiré du roman *Les Trois Filles de la Veuve* par Victor Ducange.

" La révolution de 1830," dit M. Ginisty[4] " permit à Ducange de prendre sa revanche des persécutions qu'il avait subies et dès le 4 septembre, il donnait à la Gaîté *Le Jésuite*, où un certain Judacin machinait les plus perfides intrigues. Pixerécourt avait commencé avec lui ce drame tiré du roman de Ducange *Les Trois Filles de la Veuve*. La couleur en

[1] *Sœur Anne,* par Paul de Kock, 1827.

[2] *The Monk,* roman par M. G. Lewis, Londres, 1795. Consulter pour l'influence de ce roman *Le Moine de Lewis dans la littérature française,* par F. Baldensperger, article publié dans *The Journal of Comparative Literature,* vol. I, p. 3. New York 1903.

[3] Cet opéra date de 1802.

[4] *Le Mélodrame,* par P. Ginisty, Paris 1910.

fut singulièrement accentuée en raison des événements. Pixerécourt, qui n'avait pas eu à se plaindre de la Restauration, fut poussé par le courant d'idées qui faisaient en quelque sorte explosion, et accepta ces modifications dans le sens libéral. A quelles sourdes manœuvres se livrait Judacin ruinant et déshonorant une famille, ayant toutes les convoitises et toutes les lubricités, réduisant au suicide une jeune fille séduite par lui, enfin démasqué au dernier acte par un intrépide et clairvoyant vengeur ! "

Cette pièce, qui est plutôt l'œuvre de Ducange que de Pixerécourt, au lieu d'être en trois actes est en six tableaux. Elle eut l'honneur de 269 représentations non pas à cause de son mérite, mais parce qu'elle attaquait les Jésuites.

L'Allée des Veuves ou la Justice en 1773 fut joué pour la première fois le 16 mars 1833.

Le *Journal des Débats* du 18 mars 1833 indique la source de ce mélodrame :

" Un romancier fort amusant et très habile, homme de peu d'intrigue, et qui se contente de tenir le milieu entre Walter Scott et Paul de Kock, M. de Mortonval, espèce de Victor Ducange de bonne compagnie et de bon ton, a fait un roman intitulé : *Le Capucin du Marais*. Le héros était un jeune capucin marié qui poussé par la misère commet un vol de cent louis avec des circonstances singulières. Un innocent arrêté à la place du vrai coupable va être mis à mort quand le Père Arsène, le capucin marié, se dénonce comme l'auteur du vol. Tout cela était admirablement obscur, intéressant et compliqué.

“ M. de Pixerécourt a inventé son mélodrame avec tout cela.

“ On prend le café chez M. le lieutenant-criminel Marty : premier tableau.

“ La femme du père Arsène est auprès de son enfant qui meurt de faim : second tableau.

“ Le père Arsène qui a volé cent louis est saisi d’une fièvre chaude et on le mène à l’Hôpital : troisième tableau.

“ Le père Arsène se dénonce lui-même seul coupable : quatrième tableau.

“ A la dernière scène tout le monde est sauvé, tout le monde est heureux et content, et le public aussi, qui toutefois a été fort étonné de ne pas voir venir le bourreau ; l’occasion était belle cependant. ”

Enfin *Valentine ou le Château et la Ferme* (20 mars 1834) est une adaptation très libre du roman *Valentine* par George Sand, Paris 1832. Un manuscrit autographe possédé par M. André Virely porte le titre suivant : “ *Valentine de Raimbaut ou le Château et la Ferme*, mélodrame en quatre actes, imité du Roman de Madame Sand, auteur *d’Indiana*.” Pixerécourt écrivit cette pièce en collaboration avec Francis Cornu. Elle n’a que peu de mérite et ne fut jouée que 49 fois.

Parmi les mélodrames tirés des romans étrangers, le premier en date est *le Château des Apennins ou le Fantôme Vivant* (27 juin 1798). Le manuscrit autographe porte le titre : *Le Château des Apennins ou les Mystères d’Udolphe*,[1] et Pixerécourt nous dit que sa

---

[1] *The Mysteries of Udolpho*, by Anne Radcliffe, London, 1794.

pièce est imitée du roman anglais *les Mystères d'Udolphe*.

C'est un mélodrame sombre, plein des fantômes, des souterrains, des péripéties purement extérieures auxquelles Pixerécourt renoncera plus tard. Il n'y a aucun élément comique dans la pièce. Pour le reste, l'auteur suit très fidèlement l'intrigue du roman. Ce drame n'eut qu'un succès médiocre, 46 représentations en tout.

Pixerécourt s'inspira de nouveau d'un roman anglais pour *Rosa ou l'Ermitage du Torrent* (9 août 1800). Ni les journaux contemporains ni Pixerécourt ne nous donnent aucun renseignement sur les sources de cette pièce. Mais nous y avons trouvé une grande ressemblance avec *Rosa ou la Fille Mendiante et ses Bienfaiteurs* traduit de l'anglais de Mistress Bennett par Louise Brayer St Léon, Paris an VI. Pixerécourt prend de grandes libertés avec sa source, et introduit dans son mélodrame plusieurs caractères qui ne se trouvent pas dans le roman. Enfin il met la scène en Suisse au lieu de la placer en Ecosse.

Nous aurons à parler de *Robinson Crusoë* (1805) au prochain chapitre.

Les *Chefs Ecossais* (1ᵉʳ septembre 1819) est intitulé par Pixerécourt " Mélodrame historique " et il ne cite pas ses sources. Cependant la pièce est une adaptation assez fidèle du roman historique de Jane Porter, *The Scottish Chiefs*, publié à Edimbourg en 1810, dont la traduction eut en 1814 un grand succès en France. [1]

[1] Voir le *Journal de Paris*, 2 septembre 1819.

Les trois autres mélodrames tirés de romans étrangers : *Le Château de Loch-Leven* (1822), *Ali Baba* (1822) et *La Tête de Mort* (1827) seront étudiés au prochain chapitre.

Les mélodrames soi-disant historiques de notre auteur sont au nombre de treize.

Pixerécourt fit jouer *Pizarre ou la Conquête du Pérou* le 27 septembre 1902. Il l'intitula " Mélodrame historique ", mais la pièce ne paraît pas avoir été tirée directement de l'histoire. [1] Ni l'auteur ni les critiques ne donnent aucun renseignement sur les sources, mais en dépouillant Kotzebue nous avons pu constater que la pièce de Pixerécourt est un curieux mélange de deux drames de l'auteur allemand, intitulés *La Prêtresse du Soleil* (1794) et *les Espagnols au Pérou ou la Mort de Rolla* (1795). Comme d'habitude, Pixerécourt ajoute aux situations et aux personnages qu'il trouve dans son modèle d'autres de sa propre invention. [2]

Tékéli ou le Siège de Mongatz (29 décembre 1803), dont Pixerécourt n'était pas médiocrement fier, et qu'il considérait comme un de ses chefs-d'œuvre littéraires, est un épisode des guerres de la Hongrie et de l'Autriche au 17ᵉ siècle. Il s'est servi pour ce

---

[1] Le seul livre de la bibliothèque de Pixerécourt qui traite du Pérou est la *Relation abrégée d'un voyage fait dans l'intérieur de l'Amérique Méridionale*, par la Condamine, Paris 1745. Ce livre ne contient rien qui ait pu fournir un sujet de mélodrame, même à Pixerécourt.

[2] Signalons une parodie de ce mélodrame intitulée : *Bizarre ou ce n'est pas le Pérou*, bizarrerie en un acte, ornée de combats, danses, jeux, marches et tout ce que l'on voudra par MM. Bonal, Villiers et Joré fils, Paris, 1803.

mélodrame historique des deux livres qui se trouvaient dans sa bibliothèque: *Les Trônes Chancellans, ou Dialogue curieux et polit. entre le Comte de Tékéli, érigé en roi d'Hongrie, et Guillaume de Nassau, érigé en roi d'Angleterre* (par E. Lenoble?), *Mont. P. de Bellairs*, 1690, et *Histoire d'Emeric, comte de Tékéli, ou Mémoires pour servir à sa vie, où l'on voit ce qui s'est passé de plus considérable depuis sa naissance jusqu'à présent* (par Le Clerc), *Cologne, Jacques de La Vérité*, 1693.[1]

Ce mélodrame eut les honneurs de l'interdiction. Murat et Duroc y avaient assisté ensemble peu de jours après que Pichegru, poursuivi et traqué comme Tékéli, eût été lâchement livré par son ancien ami Leblanc, chez lequel il s'était réfugié. On crut que l'auteur avait cherché à faire allusion aux événements contemporains, en établissant un si violent contraste au moyen du généreux dévouement de Conrad. Dès le lendemain la pièce fut interdite. Pixerécourt, mandé à la police, put facilement prouver que sa pièce était à l'étude bien avant que Pichegru ne débarquât en France. L'interdit fut levé et *Tékéli*, grâce un peu à cette suspension brutale, eut une vogue extraordinaire — 1334 représentations.[2]

Pixerécourt a beaucoup insisté sur le caractère historique de cette pièce. Il a même obtenu du célèbre général Jomini, aide-de-camp de l'Empereur

---

[1] *Catalogue de la Bibliothèque de Pixerécourt*, pp. 299-300. Paris 1838.

[2] Journaux consultés : *Courrier des Spectacles*, 7 Nivôse an XII. *Journal d'indications*, 8 Nivôse an XII, *Courrier des Spectacles*, 29 juillet 1804.

de Russie, une " Notice historique " [1] qui est publiée dans son *Théâtre choisi*. [2]

Pour *Marguerite d'Anjou* (11 janvier 1810), Pixerécourt a puisé dans la *Vie de Marguerite d'Anjou* par l'abbé Prévost, 1756. Le mélodrame doit quelque chose aux *Henri VI* et *Richard III* de Shakespeare, et quelques idées à *Warwick*, tragédie par La Harpe, Paris 1779.

Marguerite d'Anjou, dont le mari Henri VI d'Angleterre a été tué par son frère Glocester, se met à la tête des débris de son armée pour lutter contre l'usurpateur. Vaincue, cherchant un refuge dans la forêt, elle tombe entre les mains de bandits qui deviennent, suivant la légende, ses protecteurs. Mais Glocester leur arrache la reine infortunée, et elle serait massacrée si de vaillants Français, qui viennent de débarquer sous les ordres du duc de Lavarenne, n'arrivaient opportunément pour la délivrer. Glocester périt dans l'incendie de la forêt qu'il a lui-même allumé.

Dusaulchoy dans le *Journal des Spectacles* [3] prétend qu'il n'y a rien d'historique en tout cela que les noms de Marguerite, de son fils et de Glocester. C'est trop sévère, car il y a plusieurs incidents dans la pièce qui

---

[1] Tome I, p. 421.

[2] On lit dans les *Théâtres du Boulevard du Crime*, par Henri Beaulieu, Paris, Daragon 1905, p. 65, que " les débuts (du théâtre des Délassements-comiques) furent prospères grâce à une pièce de Varez et Brazier intitulée *Kikiki* parodie originale de *Tékéli*, drame de Pixerécourt, qui faisait alors fureur à l'Ambigu Comique. "

[3] 12 janvier 1810.

sont tout au moins consacrés par la tradition, notamment la scène de la forêt, où Marguerite, voyant un des brigands s'avancer vers elle lui présente son fils en criant " Sauve le fils de ton roi. "

Geoffroy est à peu près de l'avis de Dusaulchoy.

" C'est ainsi, dit-il, qu'en allant à la Gaîté, on peut faire un cours d'histoire, non que l'histoire soit fidèlement conservée sur ce théâtre et sur les autres, mais parce que le théâtre est un motif d'étudier l'histoire pour voir en quoi le poète la falsifie. " [1]

Les Ruines de Babylone ou le Massacre des Barmécides (30 octobre 1810), est une pièce en partie historique, en partie légendaire, qui doit quelque chose à la tragédie de La Harpe intitulée *Les Barmécides*, Paris, 1779.

Cette tragédie n'avait eu que onze représentations et la nouvelle version de Pixerécourt en obtint neuf cent douze. Geoffroy nous dit dans sa notice [2] que ce mélodrame est plus historique que la plupart des tragédies tirées de l'histoire. Il est vrai que le Calife Haroun-al-Raschid et le grand vizir Giafar sont des héros des *Mille et une Nuits*, mais ils n'en sont pas moins des personnages réels, ils n'en ont pas moins une existence dans l'histoire, quoiqu'ils jouent un si grand rôle dans les contes.

Les envieux ont fait à Pixerécourt une chicane

[1] *Théâtre choisi*, t. II, page 586.
[2] *Théâtre choisi*, t. III, p. 7.

géographique. Coupart dans le *Journal du Commerce*[1]
écrit :

" Son titre est un anachronisme contre l'histoire
ou la géographie, car le Calife Haroun al Raschid...
n'a pas plus séjourné près des ruines de Babylone, que
cette cité fameuse n'a occupé le terrain sur lequel on
a bâti Bagdad. "

Cette critique semble avoir excité la colère de
Pixerécourt ; car dans la troisième édition de la pièce
il y a répondu par une préface.

" Le trait qui m'a fourni le sujet de cette pièce,
quoique l'un des plus intéressants de l'histoire de
l'Orient, n'est peut-être pas assez généralement connu
pour qu'il soit inutile de le rappeler ici.
(Suit l'analyse de la légende).
Voilà ce qu'on lit dans l'Histoire des Arabes. Je
n'ai pris de ces événements et de cette catastrophe
éminemment tragique que ce qu'il m'a fallu pour
fonder ma pièce ; tout le reste est d'invention.
On a dit qu'il y avait dans mon titre et dans la
pièce un double anachronisme contre l'Histoire et la
Géographie. Jamais je n'ai répondu aux critiques qui
m'ont été adressées dans les journaux, même quand
elles m'ont paru injustes, car je suis convaincu que les
armes sont trop inégales pour qu'un auteur parvienne
à prouver qu'il a raison. Cependant comme les
reproches que l'on me fait portent sur des points
matériels, étrangers d'ailleurs au mérite littéraire de
l'ouvrage, je puis et je dois me justifier pour n'être
point accusé de manquer à l'exactitude dont j'ai con-

[1] 31 octobre 1810.

tracté l'obligation en intitulant mon drame " Historique ". Il est possible qu'un auteur fasse une mauvaise pièce, mais il ne lui est jamais permis de donner des mensonges pour des vérités.

En comparant les *Ruines de Babylone* aux *Barmécides* de la Harpe (ce que je tiens à grand honneur), on dit que nous avons traité le même sujet, mais qu'il s'est conformé *scrupuleusement* à l'Histoire et que je l'ai altérée pour avoir un dénouement heureux, qu'en un mot j'ai fait un roman. On a lu plus haut le trait historique ; voici le sujet de la tragédie dont l'action est postérieure de vingt ans à celle de mon drame, ce qui repousse toute idée de ressemblance et même de rapprochement.

(Suit l'analyse des *Barmécides*).

Je laisse au lecteur à décider lequel des deux a été le plus exact ou le plus romanesque.

Maintenant je passe à la géographie à laquelle la Harpe à été bien moins fidèle que moi, car il place Bagdad sur l'Euphrate. Saed dit en racontant comme il a sauvé Giafar :

> Et l'Euphrate cacha dans ses profonds abîmes
> Mon heureux artifice et mes tristes victimes.

On me reproche d'avoir mis les ruines de Babylone près de Bagdad. Voici ma réponse. Strabon qui vivait vers l'an 14 de J.-C. dit en parlant de cette ville presque fabuleuse par son antiquité (puisque sa fondation par Nembrod remonte à l'an du monde 2300, environ un siècle après le Déluge) qu'elle était située sur l'Euphrate et qu'elle s'étendait vers le Tygre. Or, Bagdad est construite sur les ruines de Séleucie, ville bâtie par Seleucus Nicator, sur le Tygre, en face de

Babylone et à trois cents stades de cette dernière, ce qui fait environ 10 à 11 lieues.[1] Tous les voyageurs placent la fameuse tour de Nembrod, que l'on croît être la tour de Babel et qui faisait partie de Babylone, dans une campagne entre le Tygre et l'Euphrate : c'est également dans ce petit intervalle qui sépare Bagdad de l'Euphrate que M. Defer, géographe estimé, place les ruines de Babylone. *Voyez sa carte de l'Empire des Turcs en Europe, en Asie et en Afrique.* Fort de toutes ces autorités, j'ai cru ajouter encore à l'intérêt du sujet en plaçant le troisième acte de ma pièce dans un lieu qui rappelle de si beaux souvenirs."[2]

Nous réservons au prochain chapitre l'étude du *Chien de Montargis* (18 juin 1814). Le 26 octobre de la même année Pixerécourt fit jouer *Charles le Téméraire ou le Siège de Nancy* qui eut 421 représentations.

Pixerécourt nous donne lui-même les sources de cette pièce dans une *Note historique et Préface.*

" J'ai consulté, dit-il, *l'Histoire manuscrite de René II,* par Faret, *l'Histoire manuscrite de Lorraine,* par Jean de Lud, *le Discours des Choses advenues en Lorraine,* etc. *La Guerre de René II,* par P. Aubert Roland, *La Nancéide,* poème latin par Pierre de Blaru, *les Mémoires* de Messire Philippe de Commines, *l'Histoire de Lorraine,* par Don Calmet, *La Notice de Lorraine,* par le même, *l'Histoire de Lorraine,* par l'abbé Bexon, *l'Histoire des villes vieilles et neuves de Nancy,* par l'abbé Lyonnais."

[1] Le stade avait 125 pas.

[2] Nous avons cité ce long extrait parce qu'il montre à quel degré Pixerécourt se plaisait à faire parade de son érudition, et aussi pour la comparaison qu'il fait de sa pièce avec celle de La Harpe.

Il faut ajouter que Pixerécourt s'est largement inspiré dans plusieurs scènes de ce mélodrame de *Goetz de Berlichingen* de Goethe (1773). Le combat singulier, visière baissée, de Léontine et de Charles (acte III, scène 15) est un souvenir de Schiller, *La Pucelle d'Orléans* (acte II, scène 8).[1]

La source principale de *Christophe Colomb* (5 septembre 1815), est *La vie de Christofle (sic) Colomb et la découverte qu'il a faite des Indes Occidentales*, composé par Fernand Colomb son fils et traduit de l'espagnol en français (par Cotolendy). Paris, 1681. Il faut noter en outre que la première scène ressemble de près à *La Tempête* de Shakespeare, et que Pixerécourt a consulté pour certaines parties de la pièce le *Dictionnaire Caraïbe* par le R. P. Raymond Breton, imprimé à Auxerre, (sans date), *l'Histoire de Saint-Domingue*, par le P. Charlevoix et même Buffon, *Histoire Naturelle des Oiseaux*.[2]

Pixerécourt insiste à plusieurs reprises sur la valeur historique de son mélodrame, ce qui ne l'empêche pas d'inventer des situations et des personnages qui n'ont jamais existé. Nous verrons que cette pièce contient une série de scènes d'une conception qui nous paraît d'autant plus bizarre[3] que Pixerécourt lui-même se prend au sérieux, et parle avec le plus grand orgueil

---

[1] Journaux consultés : *Gazette de France*, 31 octobre 1814 ; *Journal des Arts*, même date ; *La Quotidienne*, même date.

[2] *Théâtre choisi*, t. iii, pp. 333 et 354.

[3] Voir au chapitre V, p. 179.

des difficultés vaincues pour observer la règle des unités à laquelle il s'efforçait d'être fidèle.

La Peste de Marseille (2 août 1828), est selon Pixerécourt, un mélodrame historique. Nous n'avons pas pu en trouver la source, et nous ignorons où il en a puisé les caractères.

Olivier ou les Compagnons du Chêne (6 juin 1829), n'a pas été imprimé, mais le sous-titre du manuscrit autographe de Pixerécourt nous dit : Mélodrame en trois actes tiré des *Chroniques Dauphinoises*.[1] D'ailleurs nous lisons dans le *Journal de Paris*[2] que cette pièce doit quelque chose aux *Brigands* de Schiller et aussi un peu au *Roméo et Juliette* de Shakespeare.

Enfin le dernier mélodrame historique et celui qui a résisté le plus longtemps est *Latude ou trente-cinq ans de captivité* (15 novembre 1834). Pixerécourt, devenu vieux, n'était pas resté immobilisé dans ses formules ; il avait dû renoncer à ses précieuses unités parce que l'action embrassait trente-cinq ans, et qu'elle se passait à Versailles, à La Bastille et en Hollande.[3] Ce mélodrame contenait moins de monologues, genre alors démodé, et était divisé en cinq actes au lieu de trois. "Il est bien possible, dit M. Ginisty, que sans les infirmités qui l'accablaient, Pixerécourt eût

---

[1] Collection des manuscrits de Pixerécourt entre les mains de M. André Virely.

[2] 7 juin, 1829.

[3] Il y eut une reprise de *Latude* en 1883, et une autre en 1886, au Théâtre Beaumarchais et à la Porte Saint-Martin.

été capable de recommencer une carrière en suivant les goûts du public ". [1]

Il nous donne lui-même dans une préface les sources de sa pièce. Ce sont les *Mémoires de Latude* rédigés par Thierry en 1791, et l'*Histoire de la détention des philosophes à la Bastille et à Vincennes*, par M. Delort. *La Quotidienne* du 17 novembre 1834 mentionne une autre source que Pixerécourt a dû consulter pour *Latude* ; c'est la *Police dévoilée* de Manuel. [2]

Avec l'*Homme aux trois visages* commencent les mélodrames imités ou adaptés d'autres ouvrages dramatiques.

Ce mélodrame a peut-être été le plus imité de tous.

Nous y trouvons tout l'arsenal du romantisme : Venise, conspirateurs proscrits, gondoles et doges. Cette pièce doit quelque chose à *Abelino*, drame de l'Allemand Zschokke traduit en français par Lamartelière en 1799. [3]

Notre auteur a fait beaucoup de changements à la pièce de Zschokke et il a créé de nouveaux incidents. Ainsi son héros a trois visages, celui de Zschokke

---

[1] *Le Mélodrame*, P. Ginisty, p. 96. Paris, 1910.

[2] " Il ne faut pas oublier dans les causes du succès auquel ce mélodrame semble être appelé, l'exposition dans le foyer de la salle de tous les objets qui ont servi à la première évasion de Latude... Ce spectacle est complété par la vue de la Bastille, cette Sainte-Pélagie de l'ancien régime telle qu'elle existait avant sa démolition. Ce plan en relief a été construit avec une des pierres provenant de la forteresse. " *Gazette de France*, 28 novembre, 1834.

[3] Journaux consultés : *Courrier des Spectacles*, 15 Vendémiaire an X ; *Journal d'indications*, même date.

n'en a que deux etc., etc. Mais à part ces détails, la vraisemblance, la charpente et le développement de ses scènes sont infiniment supérieurs à *Abelino* qui n'est qu'un imbroglio fatigant et dépourvu d'intérêt. Ajoutons que la pièce eut 1022 représentations du vivant de Pixerécourt.

La Forteresse du Danube (3 janvier 1805), est plutôt un mélodrame historique. Kotzebue avait traité ce sujet en 1801, sous le titre de *Hugo Grotius*, et en 1804 Dumaniant et Thuring avaient arrangé ce drame pour la scène française. Mais, tous deux directeurs du Théâtre de la Porte-Saint-Martin, ils l'avaient traité conformément à la vérité historique, en conservant les noms des personnages. Pixerécourt a égayé la pièce de Kotzebue, il a changé les noms des personnages et le lieu de la scène. A la place de la forteresse de Hollande où l'action s'est passée, il a choisi la Forteresse du Danube ; Au lieu d'un petit prince d'Orange, il a mis l'Empereur d'Allemagne. " Ces embellissements ", dit Geoffroy[1] " ont tellement plu aux directeurs[2] que, se dépouillant absolument de l'amour-propre d'auteurs et ne consultant que l'intérêt de leur théâtre, ils ont préféré à leur propre ouvrage celui de M. de Pixerécourt. Philosophie rare ! sans doute ; ils en seront bien récompensés par le grand succès que vient d'obtenir la *Forteresse du Danube* ".[3]

---

[1] Notice sur la *Forteresse du Danube*, *Théâtre choisi*, t. II, p. 77.
[2] De la Porte Saint-Martin.
[3] Ce mélodrame eut 604 représentations.

Notons aussi qu'au Grotius de Kotzebue, Pixerécourt substitue " Le Chevalier Evrard, prisonnier au château de Guntzbourg ". [1]

Le Solitaire de la Roche Noire (14 mai 1806), est imité de l'*Ermite de Saverne* de Dumaniant et Thuring, joué au théâtre de la Porte Saint-Martin, le 18 juin 1903. Cette pièce n'offre point d'intérêt et n'eut qu'un faible succès — une quarantaine de représentations en tout.

Pixerécourt fit jouer le *Monastère abandonné ou la Malédiction paternelle* le 28 novembre 1816. La source de cette pièce lugubre est *Le Vingt-quatre février*, tragédie par Werner traduite de l'allemand par le comte de Saint-Aulaire, Paris, 1780.

" M. de Pixerécourt, " dit Pélissier dans sa notice de la pièce,[2] " versé dans la connaissance de la langue allemande avait lu, sans doute, le drame de Werner, intitulé *Le vingt-quatre février*... mais en homme de goût, il laissa à ce poème d'horreur que Werner, dans son langage germanique, dit avoir tissu dans la nuit et qu'il compare au râle d'un mourant qui porte la terreur jusque dans la moelle des os, il lui laissa, dis-je, sa fatalité désolante et ses couleurs lugubres, pour ne lui emprunter que l'idée primitive de la *Malédiction paternelle*. "

Pixerécourt écrivit en société avec Benjamin Antier un mélodrame intitulé *Guillaume Tell* (3 mai 1828).

[1] Journaux consultés : *Journal de Paris*, 7 janvier, 1805 ; *Courrier des Spectacles*, même date.
[2] *Théâtre choisi*, t. III, p. 402.

C'est une imitation ou plutôt une adaptation très libre du drame de Schiller (1805). Le mélodrame a une forme irrégulière, car il est divisé en six parties au lieu de trois actes. Il eut cent-une représentations pendant la vie de son auteur, et tout récemment M. Alphonse Scheler a fait représenter en 1896 sur le théâtre de Lausanne une pièce intitulée : *Guillaume Tell*, drame à grands spectacles en cinq actes et sept tableaux d'après Schiller et Pixerécourt. [1] *Musique de scène d'Édouard Combe.*

L'Aigle des Pyrénées (19 février 1829), par Pixeré-court et Mélesville est une adaptation de *Louise ou le Père Juge*, drame par Decomberousse et Pichat, Paris, 1823. Mais le sujet de cette pièce est tiré d'un fait divers de journal. C'est donc véritablement un emprunt de Pixerécourt aux faits contemporains [2]. La pièce eut 37 représentations.

Le dernier des mélodrames tiré d'autres drames est *La Lettre de Cachet* (26 février 1831), par Pigault-Lebrun et Pixerécourt. C'est la pièce de *Charles et Caroline* de Pigault-Lebrun, 1790, divisée en trois actes. [3] Ce mélodrame est mentionné dans le *Tableau chronologique* du *Théâtre choisi* de Pixerécourt, mais il n'est pas compris dans son *Théâtre complet.* D'ailleurs certains exemplaires ne portent même pas le nom de

---

[1] Voir la Bibliographie de Pixerécourt par André Virely, Paris, 1910.

[2] Journaux consultés : *Journal de Paris*, 20 février 1829, *Journal des Débats*, même date.

[3] Journaux consultés : *Journal des Arts*, 27 février 1831 ; *Bibliographie de la France*, 9 avril 1831.

G. de Pixerécourt. Il est probable que Pixerécourt n'a eu qu'une très petite part dans l'adaptation de cette pièce, qui n'obtint qu'un succès d'estime.

Le mélodrame tiré de l'histoire contemporaine a été inventé par Pixerécourt et il est devenu très à la mode. Saint-Romain, directeur de la Porte Saint-Martin, en s'adressant ironiquement aux auteurs de son entourage, disait plus tard à ce sujet :

" Vous cherchez des sujets bien sombres, bien terribles de tous les côtés, et vous les avez sous la main. Allez au Palais, lorsqu'on y juge des assassins, des empoisonneurs ; en sortant, arrêtez-vous sur une place s'il y a quelque exécution ; allez de là méditer sur la Grève ; en revenant, entrez à la Morgue vous reposer un instant, puis, passez devant l'Hôtel-Dieu et les Enfants Assistés ; si vous avez le temps, poussez jusqu'à Bicêtre pour voir les fous : après cette petite promenade, rentrez chez vous, prenez la plume, écrivez avec ardeur, que les événements, les tableaux, les catastrophes se pressent, s'accumulent dans votre ouvrage, rappelez-vous ce qui vous a le plus frappé dans votre promenade... vous avez fini, ne relisez pas, et vous aurez un mélodrame qui aura cent représentations. " [1]

Le premier mélodrame de ce genre est le *Suicide ou le Vieux Sergent* (20 février 1816).

" Le trait sublime ", dit Pixerécourt dans une note à la première édition de son mélodrame, " qui a fourni le sujet de cette pièce a eu lieu en 1778. Cette cause

---

[1] *Souvenirs dramatiques*, par Gouslin de Lasalle dans la *Revue Française*, Paris, 1861.

intéressante a été jugée par l'une des cours souveraines de France, mais l'auteur, par égard pour une famille respectable, a cru devoir changer le nom des personnages et le lieu de la scène. ''

Puis la notice de la pièce du *Journal de Paris* du 21 février 1816 :

'' Il est dernièrement arrivé à Caen un évènement des plus tragiques. Le jeune Chevalier de S... s'est détruit, et la famille, pour soustraire son nom au déshonneur, a imaginé le moyen de faire accuser un domestique du meurtre du Chevalier ''. [1]

La Chapelle des Bois ou le Témoin invisible (12 août 1818) est une autre pièce tirée de l'histoire contemporaine.

Dans le *Journal de Paris* du 13 août 1818 nous trouvons le renseignement suivant :

'' C'est encore la situation pénible où s'est trouvée Madame Manson dans la maison Bancal qui a fourni l'idée de cette pièce. Mais l'auteur a su éviter d'offrir la plus repoussante horreur de l'assassinat de Rodez dans toute sa nudité. ''

L'assassinat de Rodez, c'est un autre nom pour l'affaire Fualdès. Ce Fualdès, ancien magistrat de l'Empire, fut volé et assassiné à Rodez le 19 mars 1817. Cet assassinat, perpétré dans des circonstances extraordinaires, valut à Fualdès une sinistre célébrité.

---

[1] Nous n'avons pas pu retrouver l'événement qui a fourni ce sujet de pièce à Pixerécourt.

L'affaire eut un retentissement énorme et la politique s'en mêla.

Le dernier des mélodrames que nous ayons à signaler est *Alice ou les Fossoyeurs Ecossais* (24 septembre 1829). L'idée de la pièce vint à Pixerécourt en lisant un fait divers dans la *Chronique d'Edimbourg*.[1] C'est une histoire assez horrible. Alice est une humble servante d'auberge, mais on soupçonne qu'il y a un mystère dans son existence. Un jeune étudiant en médecine, Edouard, a été blessé en duel et conduit dans cet auberge. Alice pour payer les frais nécessités par la situation d'Edouard a recours à un moyen bien étrange. Il paraît que même en ce temps les médecins s'exerçaient quelquefois sur des sujets vivants ! Donc, Alice tous les deux jours moyennant une guinée " allait livrer son bras au fer inhabile d'un jeune chirurgien ". Naturellement un tel sacrifice émeut Edouard. Il promet d'épouser la jeune fille. Mais, rentré dans son pays, il oublie vite Alice, qui vient le retrouver au moment où il forme d'autres projets de mariage. La nuit, dans la rue, près d'un cimetière, elle est suivie par trois hommes d'aspect sinistre. La scène change. C'est le cabinet d'Edouard, revenu à ses études anatomiques. Les pourvoyeurs de cadavres viennent de lui apporter un " sujet " enveloppé d'un linceul. Il ne l'a pas encore regardé. Il éprouve un frisson involontaire, inexplicable. Mais il surmonte sa faiblesse. Il s'approche et soulève le linceul. Il voit le

[1] *The Edinburgh Chronicle.*

cadavre d'Alice qu'il avait aimée, qu'il aime encore !

Voilà une pièce qui, abrégée et modernisée, pourrait très bien se jouer au Grand Guignol !

Restent enfin quelques mélodrames de Pixerécourt dont nous n'avons pas retrouvé les sources malgré nos efforts.

Les Mines de Pologne (3 mai 1803), paraît être de l'invention de Pixerécourt. Les journaux ne contiennent aucun renseignement, et Bouilly, qui en a écrit la Notice dans le *Théâtre choisi*, n'a rien à dire à ce sujet.

Le Grand Chasseur ou l'Ile des Palmiers (6 novembre 1804), par Pixerécourt et Loaisel Tréogate paraît être de l'invention de ce dernier, car la pièce n'est pas du tout dans le genre de Pixerécourt.

L'Ange Tutélaire ou le Démon Femelle (2 juin 1808), est probablement une œuvre originale. Le sujet est une conspiration. Un frère veut détrôner son frère et le remplacer. Les critiques ne nous donnent aucun renseignement pour nous aider à découvrir où Pixerécourt a trouvé le fond de sa pièce.

Dusaulchoy, le critique du *Journal de Paris*, d'habitude si bien renseigné sur les sources, nous dit simplement : " Le sujet de *l'Ange Tutélaire* paraît être d'invention. " Geoffroy, Salgues, Babié, Ducray-Duminil, tous s'accordent à attribuer à Pixerécourt l'invention de ce mélodrame.[1]

---

[1] Journaux consultés : *Journal de Paris*, 3 juin 1808 ; *Courrier de l'Europe*, même date ; *Journal d'Indications*, même date ; *Petites Affiches*, même date ; *Journal des Arts*, même date.

Pour *la Citerne* (15 janvier 1809). Pixerécourt nous dit que cette pièce est de son invention dans une note d'auteur. [1]

" Le sujet de cette pièce m'a été inspiré par une citerne profonde que l'on voit encore aujourd'hui au milieu des ruines du vieux Château de l'Avant-Garde, qui domine la Moselle, au-dessus du village de Pompey... C'est là que, dans mon imprudente insouciance, j'aimais à folâtrer (de loin il est vrai) avec les nombreuses vipères à qui ces vieilles murailles servaient d'abri et qui venaient se désaltérer dans les eaux bourbeuses de la citerne ".

Geoffroy dans la *Notice* qu'il a écrite pour ce mélodrame dit : " C'est une pièce entièrement d'imagination ".

Il est possible que le *Précipice ou les Forges de Norwège* (30 octobre 1811), soit aussi de l'invention de Pixerécourt. Nous discuterons plus tard l'originalité de *Valentine ou la Séduction*. [2] Il est plus que probable que pour *le Moulin des Etangs* (28 janvier 1826), c'est dans l'histoire contemporaine que Pixerécourt a trouvé le sujet de sa pièce.

Les Sources *de Polder ou le Bourreau d'Amsterdam* (15 octobre 1829), écrit en collaboration avec Victor Ducange, sont également introuvables.

Pour *l'Abbaye aux Bois ou la Femme de Chambre* (14 février 1832), Pixerécourt nous dit qu'il a puisé

[1] *Théâtre choisi*, t. II, p. 373.
[2] Chapitre IV.

dans l'histoire contemporaine. C'est tout ce que nous avons pu trouver à ce sujet.

Enfin, pour *Six Florins ou la Brodeuse et la Dame* (7 juillet 1832), il nous a été d'autant plus difficile d'en trouver la source que nous n'avons pu en voir que le titre.[1] La pièce est introuvable aux Bibliothèques de Paris. Elle n'est pas davantage au Catalogue du British Museum. Le manuscrit presque illisible que M. Virely nous a communiqué porte le titre suivant : *Le Manteau de Velours ou la Brodeuse et la Dame.*

[1] Dans le tableau chronologique du *Théâtre choisi*, t. I, p. LXXXIV.

CHAPITRE IV

Etude détaillée des pièces suivantes : (1) La Tête de Mort. (2) L'Evasion de Marie Stuart. (3) La Fille de l'Exilé. (4) Cœlina. (5) La femme à deux Maris. (6) Robinson Crusoë. (7) Le chien de Montargis. (8) Le Fanal de Messine. (9) Ali Baba. (10) Valentine ou la Séduction. L'invention de Pixerécourt. Sa façon de se servir de ses sources.

Nous nous proposons d'étudier dans ce chapitre les dix mélodrames de Pixerécourt que nous avons omis au chapitre précédent. Nous les avons choisis parce qu'ils semblent montrer d'une façon suffisamment claire comment Pixerécourt utilise ses sources.

Dans quelques-unes de ses pièces il suit assez fidèlement sa source, c'est-à-dire que son mélodrame, au point de vue de l'intrigue, est peu original. Il y a d'autres pièces que nous pouvons appeler semi-originales. Enfin il y a des exemples de pièces qui, selon les critiques contemporains, sont toutes d'invention. Nous avons disposé cette étude de façon à passer des pièces peu originales aux pièces à demi originales jusqu'à la pièce entièrement inventée par Pixerécourt.

De la première catégorie est la *Tête de Mort ou les Ruines de Pompeïa*[1]. C'est peut-être le moins original des mélodrames de Pixerécourt : il a suivi assez fidèle-

---

[1] Mélodrame en quatre actes, représenté pour la première fois à Paris sur le Théâtre de la Gaîté le 8 décembre 1827.

ment le roman qui l'a inspiré, *Les aventures de Caleb Williams* par William Godwin, Londres, 1794.

Comme M. André Virely, l'arrière petit-fils de Pixerécourt, nous a formellement assuré que son bisaïeul ne lisait pas l'anglais, il est plus que probable que Pixerécourt s'est servi de la traduction de ce roman anglais que nous trouvons dans le catalogue de sa bibliothèque. [1]

Voici l'analyse de l'œuvre de Godwin :

Caleb Williams, jeune homme d'origine très humble, devient le secrétaire de Ferdinand Falkland, gentil-homme campagnard. Ce Falkland dans sa jeunesse a tué un certain Tyrrell, qui l'avait grossièrement insulté, et deux innocents accusés de ce crime ont été pendus. Falkland est donc en proie au remords qui ne le laisse jamais en paix. Caleb Williams, nature curieuse et indiscrète, découvre le secret de son maître. Celui-ci pour obtenir le silence de Caleb, le fait jeter en prison. Caleb s'évade. Il se réfugie pendant quelque temps au milieu d'une bande de voleurs, mais il est dès lors en butte à de nombreuses persécutions. Falkland s'attache à lui avec une ténacité, un acharnement infatigables. Il le fait suivre par un certain Gines, qui ne lui laisse pas un moment de repos. Falkland, dès qu'il sait que son crime est connu du jeune homme, court après son secret comme un avare volé courrait après son trésor. Cette course désespérée

---

[1] *Les Aventures de Caleb Williams,* par Wm. Godwin, traduit de l'anglais par Garnier, Paris, an IV, 1796.

remplit trois volumes sur quatre du roman anglais.

Enfin, au quatrième volume, Caleb, pour se sauver dénonce le crime de Falkland. Celui-ci l'avoue publiquement, et meurt trois jours plus tard, victime de son remords.

Dans le roman, Godwin nous fait assister à la lutte du pot de fer contre le pot de terre : c'est la guerre du fort contre le faible, la satire passionnée des institutions humaines qui s'arment trop souvent d'une force d'inertie contre le crime puissant, et excercent toutes leurs rigueurs envers l'innocence muette et opprimée. Tel est l'amer enseignement qui remplit la plupart des chapitres de Godwin ; le romancier anglais s'est complu dans les développements trop prolongés de ce lieu commun.

Le mélodrame de Pixerécourt doit beaucoup pour son intrigue au roman de Godwin. Il lui emprunte l'idée du coupable qui a laissé souffrir un innocent, du secrétaire que l'indiscrétion et la curiosité manquent de perdre. L'*Arpaya* du mélodrame, c'est *Gines* du roman, un peu revu et enlaidi. D'ailleurs, il y a deux scènes entre Carlo et Reginald qui ne sont que la répétition de deux scènes entre Caleb et Falkland.[1]

Pour le reste, on peut dire que le mélodrame est de l'invention de Pixerécourt. La scène se passe à Naples et non pas en Angleterre. Carlo (le Caleb de

---

[1] Cf. Acte I, Scènes III-IV de la *Tête de Mort* et Chapitre I de *Caleb Williams* ; Acte I, Sc. III et *Caleb Williams*, Chapitre XI ; Acte II, Sc. XV et *Caleb Williams*, Ch. XV.

Godwin) devient le fils de la victime innocente de Reginald (Falkland). C'est un fils qui doit venger la mort de son père et qui, de soupçons en soupçons, d'indices en indices, parvient à découvrir les traces de l'assassin ; or, l'assassin, c'est son maître, son bienfaiteur. Voilà une complication mélodramatique qui est bien de Pixerécourt. Il substitue aussi au rôle de Miss Emily Melville, la fiancée de Falkland dans le roman de Godwin, les deux rôles de Maria et de Thérésa. Cette dernière est femme de charge du comte Reginald et Maria, sa fille, est aimée de Carlo. Il introduit un épisode d'amour qui forme un contraste agréable avec le fond sombre de la pièce.

Pixerécourt connaissait aussi un drame de Jean Louis Laya, intitulé " Falkland ou la Conscience " qui fut représenté au Théâtre Français le 25 mai 1799. Les personnages de cette pièce sont :

Le Comte de Falkland (premier rôle).

Blowmer, ancien gouverneur du comte, intendant général de sa maison.

Caleb, secrétaire du comte.

Emily Melville, pupille du comte.

Andrews, chapelain aumônier du Château.

Tom, domestique.

Laya revêt son Falkland de l'habit bourgeois et le fait parler en prose. Il fait de Caleb le rejeton des malheureux Hawkins, (invention dramatique qui ne se trouve pas dans le roman) et le neveu de celui qui avait souffert pour le crime de Falkland. C'est peut-être à Laya que Pixerécourt a pris l'idée de faire de Carlo le fils de l'innocente victime. Nous pouvons, en tous cas, constater que Laya et Pixerécourt considéraient qu'il fallait à Caleb un motif plus sérieux que la simple curiosité, qui a un caractère odieux et révoltant dans le roman de Godwin.

Au second acte de la *Tête de Mort*, la scène où le jeune secrétaire du Comte se trouve vis-à-vis de son maître, correspond à celle du quatrième acte du *Falkland* de Laya, où le redoutable gentilhomme notifie au jeune Caleb sa volonté irrévocable de ne plus le laisser sortir de chez lui. Mais ces deux scènes se trouvent dans le roman, et il est probable que Laya et Pixerécourt ont tous deux puisé à la même source. Pixerécourt ne paraît donc pas avoir fait d'emprunt direct à Laya, mais la pièce de celui-ci lui a peut-être suggéré l'idée de traiter ce sujet et d'en faire un mélodrame. Nous ajoutons quelques extraits du roman et du mélodrame pour montrer comment Pixerécourt faisait quelquefois des emprunts verbaux à ses sources.

La Tête de Mort, acte II, scène XV :

REGINALD. — Eh bien, puisqu'il faut vous l'avouer, oui, Monsieur, j'ai été compromis dans une affaire malheureuse, dans une accusation de meurtre, et j'en suis sorti pleinement justifié. La voix publique a proclamé mon innocence. Mais depuis cette époque fatale, je n'ai pas une heure de repos ; le sommeil a fui de mes yeux : toute pensée de joie et de bonheur est devenue étrangère à mon âme ; le néant serait

mille fois préférable à la triste existence qu'il m'a
fallu supporter. En entrant dans le monde j'avais
regardé l'honneur et l'estime des hommes comme le
premier de tous les biens . . . .

Carlo. — Cependant, vous m'avez renvoyé.

Reginald. — Je te garde.

Carlo. — Vous m'avez ordonné.

Reginald. — Je te le défends. Cet amour frénétique
de l'honneur, je le porte plus que jamais dans mon
âme, je le garderai jusqu'au dernier souffle de ma vie.
Je veux laisser après moi un nom sans tache, une mémoire intacte. Il n'est rien que je ne fasse pour arriver
à ce but. Tu resteras à mon service. Je le jure par
tout ce qu'il y a de plus épouvantable en ce monde.
Si jamais un mot inconsidéré sort de ta bouche, si
jamais tu donnes lieu à un soupçon, attends-toi à
l'expier par tous les moyens qui sont en mon pouvoir.

Carlo. — Ce que vous exigez est impossible,
Monsieur le Comte ; faites de moi tout ce qu'il vous
plaira, tuez-moi.

Reginald. — Malheureux ! Quel mot as-tu pro-
féré ?

Comparons ceci au passage suivant tiré du chapitre XV de *Caleb Williams* et nous verrons que
Pixerécourt a copié presque mot à mot :

" I was silent.

" Well, sir. You know too, perhaps, that from
the hour the crime was committed — yes, sir, that
was the date (and as he said this, there was somewhat
frightful, I had almost said diabolical, in his countenance) — I have not had an hour's peace ; I became
changed from the happiest to the most miserable

thing that lives ; sleep has fled from my eyes ; joy has been a stranger to my thoughts ; and annihilation I should prefer a thousand times to the being that I am. As soon as I was capable of a choice, I chose honour and the esteem of mankind as a good I prefered to all others. You know, it seems, in how many ways my ambition has been disappointed, — I do not thank Collins for having been the historian of my disgrace, — would to God that night could be blotted from the memory of man ! — But the scene of that night, instead of perishing, has been a source of ever new calamity to me, which must flow for ever ! Am I then, thus miserable and ruined, a proper subject upon which for you to exercise your ingenuity, and improve your power of tormenting ? Was it not enough that I was publicly dishonoured ? that I was deprived, by the pestilential influence of some demon, of the opportunity of avenging my dishonour ? No : in addition to this, I have been charged with having in this critical moment intercepted my own vengeance by the foulest of crimes. That trial is past. Misery itself has nothing worse in store for me, except what you have inflicted by seeming to doubt of my innocence, which, after the fullest and most solemn examination, has been completely established. You have forced me to this explanation. You have extorted from me a confidence which I had no inclination to make. But it is a part of the misery of my situation, that I am at the mercy of every creature, however little, who feels himself inclined to sport with my distress. Be content. You have brought me low enough. ”

" Oh, sir, I am not content ; I cannot be content !

I cannot bear to think what I have done. I shall
never again be able to look in the face of the best of
masters and the best of men. I beg of you, sir, to
turn me out of your service ? Let me go and hide
myself where I may never see you more. "

Mr Falkland's countenance had indicated great
severity through the whole of this conversation ; but
now it became more harsh and tempestuous than
ever. " How now, rascal ! Who told you that I
wished to part with you ? But you cannot bear to
live with such a miserable wretch as I am ! You
are not disposed to put up with the caprices of a man
so dissatisfied and unjust ! "

" Oh, sir, do not talk to me thus ! Do with me
anything you will. Kill me if you please. "

" Kill you ! " (Volumes could not describe the
emotions with which this echo of my words was
given and received.)

Même dans ce mélodrame que nous considérons
comme l'un des moins originaux de Pixerécourt,
l'auteur a su s'affranchir de sa source, malgré les
emprunts littéraux qui sont vraiment importants. Il
abandonne le roman de Godwin chaque fois que son
imagination a pu lui offrir quelque chose qui conve-
nait mieux à la scène. Pixerécourt n'est jamais un
imitateur servile.

*L'Evasion de Marie Stuart ou le Château de Loch-
Leven* [1] est encore un mélodrame tiré d'un roman
anglais. Pixerécourt nous dit lui-même qu'il en a

[1] Représenté pour la première fois au théâtre de la Gaîté, le 3 décembre
1822.

emprunté l'intrigue à un roman de Sir Walter Scott. Les critiques des journaux signalent ce fait sans mentionner le titre du roman et nous lisons dans le *Drapeau Blanc* (5 décembre 1822) que " ce qu'il a pris au roman, ce qu'il a tiré de sa propre imagination est si bien lié qu'on n'aperçoit aucune disparate. "[1]

Le roman en question est *The Abbot*, et Pixerécourt s'est servi de la partie qui va du chapitre XXII jusqu'à la fin du roman.

Voici l'analyse du mélodrame :

Le Château de Loch-Leven sert de prison à Marie Stuart depuis dix mois. Cette reine infortunée n'a près d'elle que Catherine Seyton, sa filleule, et Roland, jeune page admis depuis peu au Château par ordre du régent. Lord Lindesay vient, au nom du Conseil Secret, lui proposer de signer un acte par lequel elle déclare abdiquer de son plein gré en faveur de son fils. Marie, cédant aux conseils de sir Douglas, petit-fils de Lady Loch-Leven qui, séduit par la beauté de la reine, a juré de la sauver, est près de signer l'acte qu'on lui présente ; mais bientôt, révoltée de l'audace et de la brutalité de Lindesay, elle refuse tout traité avec ses sujets rebelles. Dès lors on tremble pour ses jours. Douglas sent qu'une prompte fuite peut seule la soustraire à la mort, et dispose tout pour que la reine puisse sortir du château cette nuit même.

[1] Journaux consultés : *Journal des Théâtres*, mercredi 4 décembre 1822 : *Le Drapeau Blanc*, jeudi 5 décembre 1822.

Ce projet s'exécute : mais il est dévoilé par l'étourderie d'un page qu'on n'a pas mis au courant du secret. Marie Stuart est arrêtée, et Douglas n'échappe à la vengeance de son aïeule qu'en se précipitant par une fenêtre dans le lac qui baigne les murs du château. La reine se trouve bientôt exposée aux plus grands périls. L'intendant du château, Randal, une sorte de fanatique, se croit appelé à délivrer l'Ecosse d'une souveraine qu'il rend responsable de tous les maux qui pèsent sur son pays. Il tente d'empoisonner Marie et, ne pouvant atteindre son but sans s'empoisonner lui-même, il se dévoue pour assurer le succès de son horrible entreprise ; mais la reine est sauvée par l'adresse de son page et le zèle de Catherine Seyton. Marie Stuart sort du château, grâce à Douglas qui reçoit le coup fatal destiné à sa souveraine. Il meurt en répétant encore le cri de *Vive l'Ecosse ! Vive Marie Stuart !*

En nombre d'endroits Pixerécourt ne suit pas son modèle ; il fait des changements, il crée des incidents et des épisodes étrangers à l'œuvre de Walter Scott.

Au premier acte, il supprime le rôle de Ruthven qu'il transfère à Lord Lindesay, et il donne le rôle de Sir Robert Melville à Georges Douglas, qui montre à Marie un parchemin signé par les nobles lords écossais. Ceux-ci lui promettent leur secours afin de lui persuader de signer l'acte d'abdication. Dans " The Abbot " c'est Roland Graeme qui découvre le parchemin dans le fourreau de son épée. Dans le roman Marie signe l'acte. Le reste du premier acte suit de près le roman (Chapitre XXX) sauf que dans " The Abbot ", Marie ne tente pas de s'évader la nuit même où elle a signé l'acte d'abdication. Pixerécourt a fait ce changement parce qu'il tenait à observer l'unité de temps.

Au deuxième acte nous sommes, ainsi que dans le roman, à la foire de Kinross, mais la scène entre Randal et Luc Lundin est de l'invention de Pixerécourt qui, cependant, imite le roman dans la scène d'amour entre Roland et Catherine Seyton. La manière dont Roland fait connaître à Douglas, au moyen des diverses figures d'un quadrille, le nom des libérateurs de Marie, l'heure à laquelle l'évasion doit avoir lieu, et le signal qui doit la précéder est de l'invention de Pixerécourt. [1]

A l'acte III, les scènes 5 et 6, où le projet de Randal pour empoisonner Marie échoue, ne sont que légèrement indiquées par Scott, tandis que Pixerécourt les présente d'une façon frappante. Il a également imaginé de faire donner le signal de l'évasion par Lady Loch-Leven elle-même qui, en posant dans l'embrasure d'une meurtrière de la tour la lampe dont elle s'éclaire, avertit ainsi, sans le savoir, les amis de Marie que la reine, sortie de sa prison, se dirige vers le rivage. Enfin, le sacrifice que Douglas fait de sa vie est aussi de l'invention de Pixerécourt et donne à la pièce un dénouement tragique.

Quoique Pixerécourt prenne de grandes libertés

____
[1] Acte II, sc. 12.

avec ses sources, il suit quelquefois de très près le texte de ce roman. On n'a qu'à consulter les passages suivants pour s'en rendre compte :

ACTE I, SC. VII ; *The Abbot*, CH. XXII.
ACTE II, SC. III ; *The Abbot*, CH. XXVI.
Acte I, sc. VII :

MARIE. — J'attends, Mylord, que vous m'appreniez le motif de votre arrivée en ces lieux.

LINDESAY. — Madame, je suis chargé par le Conseil secret d'un message dont le résultat intéresse le sort du Royaume et la sûreté de votre vie.

MARIE. — ... Voyons, quel est ce message ? Sans doute, c'est une supplication de mes fidèles sujets dans laquelle ils implorent ma clémence, et me prient de remonter sur le trône qui m'appartient, sans traiter avec trop de rigueur les rebelles qui m'ont illégalement dépossédée.

LINDESAY. — Loin de solliciter un pardon, Madame, je suis au contraire, chargé de l'offrir. En un mot, je viens proposer à Votre Grâce de signer ces actes qui contribueront à rétablir la tranquillité dans l'Etat.

MARIE. — Avant tout, m'est-il permis d'en savoir le contenu ?

LINDESAY. — Sans doute, Madame. Il est juste que vous connaissiez ce que vous êtes requise de signer.

MARIE (*avec colère*). — Requise ! (*Avec le ton d'une reine*) Lisez, Milord, je vous le permets.

LINDESAY (*lit*) :

" Appelée dès notre plus tendre jeunesse au Gouvernement du Royaume, nous avons éprouvé tant de fatigues et de peines que nous ne nous trouvons plus assez libre pour supporter le poids des affaires de l'Etat : mais la bonté Divine nous ayant accordé un fils, nous désirons de notre vivant le mettre en possession d'une couronne qui lui appartient par droit de naissance. C'est pourquoi par suite de l'affection que nous lui portons, nous avons résolu de nous démettre, et nous nous démettons en sa faveur, par ces présentes, librement et volontairement, de tous nos droits au trône d'Ecosse, voulant qu'il y monte sur le champ, comme s'il y était appelé par notre mort. En conséquence, nous donnons pleins pouvoirs à notre féal et aimé cousin Lord Lindesay, de comparaître en notre nom devant la Noblesse, le Clergé et les Bourgeois d'Ecosse dont il convoquera l'assemblée à Stirling et d'y renoncer publiquement et solennellement à tous nos droits à la couronne ".

Voici le passage correspondant dans " The Abbot ", ch. XXII.

" I wait the purpose of your mission, my lords, " said the Queen, after she had been seated for about a minute without a word being spoken,—" I wait your message from those you call the Secret Council,—I trust it is a petition of pardon, and a desire that I will resume my rightful throne using with due severity my right of punishing those who have dispossessed me of it. "

" Madam, " replied Ruthven, " it is painful for us to speak harsh truths to a Princess who has long ruled us. But we come to offer, not to implore, pardon. In a word, madam, we have to propose to you on the part of the Secret Council, that you sign these deeds, which will contribute greatly to the pacification of the State, the advancement of God's word, and the welfare of your own future life. "

" Am I expected to take these fair words on trust, my lord ? or may I hear the contents of these reconciling papers ere I am asked to sign them ? "

" Unquestionably, madam ; it is our purpose and wish, you should read what you are required to sign, " replied Ruthven.

" Required ! " replied the Queen, with some emphasis ; " but the phrase suits well the matter—read, my lord. "

The Lord Ruthven proceeded to read a formal instrument, running in the Queen's name, and setting forth that she had been called, at an early age, to the administration of the crown and realm of Scotland, and had toiled diligently therein, until she was in body and spirit so wearied out and disgusted, that she was unable any longer to endure the travail and pain of State affairs ; and that since God had blessed her with a fair and hopeful son, she was desirous to ensure to him, even while she yet lived, his sucession to the crown, which was his by right of hereditary descent. " Wherefore, " the instrument proceeded, " we, of the motherly affection we bear to our said son, have renounced and demitted, and by these our letters of free goodwill, renounce and demit the Crown, government, and guiding of the realm of Scotland, in favour of our said son, that he may succeed to us as native Prince thereof, as much as if we had been removed by disease, and not by our proper act.   And that this demission of our royal authority may have the more full and solemn effect, and none pretend ignorance, we give, grant, and commit, full and free and plain power to our trusty cousins, Lord Lindesay of the Byres, and William Lord Ruthven, to appear in our name before as many of the nobility, clergy, and burgesses, as may be assembled at Stirling, and there, in our name and behalf, publicly, and in their presence, to renounce the Crown, guidance, and government of this our kingdom of Scotland. "

A l'acte II, scène III, Pixerécourt transcrit un passage entier du roman :

Luc Lundin. — Que la fraîcheur du matin se répande sur vous, Monsieur,... sans doute, vous êtes envoyé par la dame du Château pour vérifier si nous exécutons les ordonnances.

Roland. — Du tout, Docteur, ce n'est pas cela.

L. Lundin. — *Errare humanum est.* Seulement ne m'appelez pas docteur. Vous le voyez, je ne porte aujourd'hui que les attributs de chambellan.

Roland. — L'habit ne fait pas l'homme, et nous n'ignorons pas combien de cures a opérées le célèbre docteur Luc Lundin.

L. Lundin. — Il est vrai, mon jeune Monsieur, le ciel a daigné quelquefois sourire à mes travaux, et je puis dire que, par sa grâce, peu de médecins ont guéri plus de malades. *Lunga roba, corta scienza.* Savez-vous l'Italien, Monsieur ?

Voici le passage anglais tiré de The Abbot, chapitre XXVI :

" The freshness of the morning upon you, fair sir, — You are sent, I warrant me, to see if we observe here the regimen which her good ladyship hath prescribed, for eschewing all superstitious ceremonies and idle anilities in these our revels. I am aware that her good ladyship would willingly have altogether abolished and abrogated them——But as I had the honour to quote to her from the works of the learned Hercules of Saxony, *Omnis curatio est vel canonica vel coacta*,——that is, fair sir, (for silk and velvet have seldom their Latin *ad unguem*) every cure must be wrought either by art and induction of rule, or by constraint ; and the wise physician chooseth the former. Which argument her ladyship being pleased to allow well of, I have made it my business so to blend instruction and caution with delight——*fiat mixtio*, as we say——that I can answer that the vulgar mind will be defecated and purged of anile and Popish fooleries by the medicament adhibited, so that the *primæ viæ* being cleansed, Master Henderson, or any other noble pastor, may at will thrown in tonics, and effectuate a perfect moral cure, *tuto, cito, jucunde.* "

"I have no charge, Doctor Lundin, " replied the page——

"Call me not doctor", said the chamberlain, "since I have laid aside my furred gown and bonnet, and retired me into this temporality of chamberlainship. "

"Oh, sir, " said the page, who was no stranger by report to the character of this original, "the cowl makes not the monk, neither the cord the friar—— we have all heard of the cures wrought by Doctor Lundin. "

"Toys, young sir——trifles, " answered the leech

with grave disclamation of superior skill ; " the hit-or-miss practice of a poor retired gentleman, in a short cloak and doublet—Marry, Heaven sent its blessing — and this I must say, better fashioned mediciners have brought fewer patients through—*lunga roba, corta scienza*, saith the Italian—ha, fair sir, you have the language ? "

Ainsi Pixerécourt collabore toujours avec sa source et il n'hésite pas à faire des emprunts textuels quand bon lui semble.

Dans la *Fille de l'Exilé ou Huit mois en deux heures*,[1] la part de l'invention devient plus importante.

Pixerécourt déclare dans sa préface qu'il a pris l'intrigue de son mélodrame dans *Elisabeth*,[2] le célèbre roman de Madame Cottin. C'est l'histoire d'une jeune fille de seize ans qui a osé entreprendre, seule, à pied, un voyage de quatre mille verstes à travers des forêts immenses, des marais impraticables, et des déserts de glace, dans l'espoir d'obtenir la liberté de son père. Tout en pensant que ce fait historique serait fort touchant au théâtre, Pixerécourt fait observer que pour atteindre sur la scène le degré d'intérêt qu'inspire la lecture du roman, il faut qu'on voie réellement voyager la jeune fille. C'est pourquoi il a tracé un tableau dramatique divisé en trois parties, dont chacune représente la situation d'Elisabeth dans un

---

[1] Mélodrame en trois parties représenté pour la première fois au théâtre de la Gaîté, le 13 mars 1819. La *Fille de l'Exilé* a eu 445 représentations.

[2] Voir la préface d'*Elisabeth* de Mme Cottin, Paris, 1817.

lieu fort éloigné de l'autre. Il s'excuse de s'être affranchi des règles qui prescrivent les unités de temps et de lieu, et il espère que le public lui saura gré des efforts qu'il a faits, pour conserver l'unité d'action, la plus nécessaire selon lui à tout ouvrage dramatique.

Le roman de Madame Cottin est fondé sur l'histoire authentique d'une jeune fille qui, du fond de la Sibérie vint seule à pied, jusqu'à St Pétersbourg, pour solliciter la grâce de son père exilé. Dans la réalité, c'était la pauvre fille d'un condamné obscur. Le but de son voyage atteint, elle se retira dans la paix du cloître et épuisée par les fatigues qu'elle avait endurées, elle y mourut peu de temps après. Madame Cottin en se servant de cette touchante figure pour son roman, a eu soin d'en faire une héroïne bien plus attrayante. Elle lui accorde une naissance illustre, une beauté accomplie, un esprit supérieur et cultivé, un langage élevé, sans omettre l'amour obligé et l'inévitable mariage. Pixerécourt de son côté néglige l'épisode d'amour, jugeant avec raison l'héroïsme filial suffisant pour l'intérêt de sa pièce.

Voici une courte analyse du roman de Madame Cottin. Pierre Springer, exilé avec sa femme Phedora et sa fille Elisabeth, habitent une chaumière dans un village de Sibérie. Depuis longtemps Elisabeth a conçu le projet de se rendre à St Pétersbourg, pour y obtenir la grâce de son père. Elle espère que le fils de M. de Smoloff, gouverneur de Tobolsk, qui a déjà sauvé la vie de son père pendant une chasse à l'ours, viendra à son aide. Elle demande à ses parents la raison de leur exil, mais ils lui répondent d'une façon évasive. Smoloff a obtenu pour elle la permission d'aller à l'église de Saïnka, et Elisabeth lui confie ses espérances et son projet. Il promet de l'aider, mais il est contraint de la quitter pour rejoindre son régiment. Cependant sur les instances de son fils, le père de Smoloff vient annoncer à Elisabeth que des missionnaires viendront lui rendre visite, et qu'ils l'aideront à faire le voyage qu'elle a projeté. Springer lui révèle un jour que son vrai nom est le comte Stanislas Potowski. Bientôt arrive le Père Paul, missionnaire, et pour épargner à ses parents la douleur des adieux, Elisabeth part avec lui pendant la nuit. En chemin elle perd le bon Paul qui meurt sur les bords de la Kama. Après bien des périls elle arrive à Moscou, où par l'intermédiaire de Smoloff, elle parvient à voir le Tsar qui lui accorde la liberté de son père. Elle reçoit en même temps un présent en argent et une escorte qui la ramène chez ses parents. Ceux-ci sont ravis d'accepter Smoloff comme l'époux digne de leur vaillante fille.

Le premier acte du mélodrame se passe en Sibérie ; il expose très nettement le caractère d'Elisabeth, sa vie active et les exercices qu'elle s'impose pour accroître ses forces et se mettre en état d'accomplir son projet. Elle décide de l'exécuter à l'insu de sa mère aveugle, après avoir arraché à son père un demi consentement. Elle est secondée dans son entreprise par le brave Michel, courrier du gouvernement et fils d'une vieille domestique dévouée à ses parents.

Au second acte, nous la trouvons à moitié chemin de St. Pétersbourg, sur les bords de la Kama : un vieux bâtelier l'aide à traverser le fleuve ; c'est le " boyard " Ivan, le persécuteur de son père, l'auteur de tous ses maux !

Ivan est à son tour malheureux, disgracié et banni de la Cour ; il a vu mourir sa fille unique et il reste près de son tombeau qu'il ne peut quitter. Elisabeth attendrie lui pardonne au nom de son père, et elle le sauve de la mort en intervenant entre lui et une horde de brigands tartares. Il lui donne de l'argent pour qu'elle puisse continuer son voyage héroïque. Un orage s'élève, fait déborder le fleuve et détruit la cabane d'Ivan. Il est noyé, mais Elisabeth qui se cramponne à la table de sapin qui recouvre le corps de la fille d'Ivan, est entraînée par le courant.

Au troisième acte, nous la voyons à Moscou : elle a échappé au péril. C'est au moment du couronnement de l'empereur. La jeune voyageuse se trouve ainsi arrivée plus tôt au terme de sa course. Malgré les obstacles que lui suscite un traître, le grand maréchal, un des ennemis de son père, elle parvient jusqu'au Tsar, qui, déjà prévenu par l'honnête courrier Michel, avait expédié la grâce demandée et rappelé les exilés. Elisabeth voit donc tous ses vœux accomplis et se relève des pieds du Tsar pour embrasser ses parents réintégrés dans leurs biens et leurs honneurs. Bien entendu, leur ennemi, le grand maréchal, est puni comme il le mérite.

On peut juger, d'après ces deux analyses quelles
sont les différences entre le roman et le mélodrame.
Pixerécourt emprunte l'essentiel à Madame Cottin. Il
ne se sert pas du personnage de Smoloff, et lui substitue le personnage de Michel. Il invente l'incident
des brigands tartares et aussi l'idée de la réunion à
Moscou. Cependant il faut noter que la lettre écrite
par Elisabeth à sa mère est un emprunt textuel à
Madame Cottin. [1]

Le mélodrame de Pixerécourt ne fut pas le premier
imité du roman de Madame Cottin. On avait déjà
joué l'*Elisabeth* de Dorvo à Paris en 1806. [2] Cette
pièce suit de plus près le roman de Madame Cottin.
On y retrouve M. de Smoloff et son fils Alexis.
L'épisode d'amour y est conservé. Dorvo raccourcit
le voyage de son héroïne. Elle rencontre l'empereur
(on ne voit pas trop comment) sur les bords de la
Kama. Il est en train de faire un voyage incognito, et
elle lui raconte son histoire. C'est un mélodrame qui
n'a aucun mérite, et Pixerécourt ne lui doit absolument rien.

Dans Cœlina ou l'Enfant du Mystère [3] Pixerécourt
continue à emprunter à d'autres écrivains et à suivre

[1] *Elisabeth,* op. cit., page 41 et Pixerécourt. *La Fille de l'Exilé,* acte I,
scène 12.

[2] *Elisabeth ou les Exilés de Sybérie* (sic). Mélodrame en trois actes et en
prose, paroles de M. Dorvo, représenté pour la première fois à Paris sur le
théâtre de la Porte Saint-Martin, le 28 octobre 1806, Paris, chez Barba.
1806.

[3] Mélodrame en trois actes représenté pour la première fois au théâtre de
l'Ambigu Comique le 2 septembre 1800.

ses sources dans une certaine mesure. Mais ce mélodrame offre un intérêt spécial, car nous y voyons
comment Pixerécourt, quand il veut s'affranchir, le fait
sans aucune peine apparente et avec le plus grand succès.

C'est le roman du même nom par Ducray-Duminil [1]
qui a fourni le titre et le sujet à Pixerécourt. Notre
auteur insère dans son *Théâtre choisi* une critique intéressante de la pièce écrite par l'auteur du roman. [2]

"Nous n'entrerons pas," dit Ducray-Duminil, "dans
les détails de l'analyse. Le roman qui en a fourni le
sujet est suffisamment connu. Nous nous contenterons
de dire que l'auteur a tiré un parti étonnant de ce
roman, qui offrait les plus grandes difficultés pour
être mis à la scène, et ce sont ces difficultés qui ont
été vaincues avec art qui font de *Cælina* le meilleur
ouvrage qui ait été joué aux Boulevards et le rendent
digne de nos premiers théâtres tant par l'intérêt qu'il
présente que par la manière habile avec laquelle il
est conduit.

Le premier acte est fait de main de maître ; c'est
un des plus beaux qu'il y ait au théâtre. Le second
offre de la gaîté, un ballet charmant, des détails fort
attachants et une catastrophe intéressante. Quant au
troisième qui appartient entièrement à l'auteur, il est
peut-être plus étonnant que les deux autres par la
difficulté qu'il y avait de soutenir jusqu'à la fin un
intérêt aussi puissant et à dénouer d'une manière
satisfaisante une intrigue aussi fortement ourdie."

---

[1] *Cælina ou l'Enfant du Mystère,* par François-Guillaume Ducray-Duminil, Paris, 1798.

[2] Le *Journal des Petites Affiches,* n⁰ du 19 fructidor an 8 (1800).

En effet, la pièce de Pixerécourt suit de très près
le roman pendant les deux premiers actes. Il y a
identité de personnages et d'intrigue jusqu'au chapitre XII du roman. Mais à partir de ce chapitre la
pauvre Cœlina erre de lieu en lieu après avoir quitté
la maison de Dufour et le roman devient si complexe,
si diffus que Pixerécourt, même s'il l'avait voulu, ne
serait jamais parvenu à l'imiter. Il était impossible de
mettre tout cela à la scène. Pixerécourt a donc inventé
une série d'événements et imaginé un dénouement
qui ne ressemble nullement à celui du romancier.

Ainsi que nous l'avons déjà indiqué, Pixerécourt
n'hésite pas à emprunter textuellement à sa source.
La scène 3 de l'acte 1 est une reproduction presque
littérale d'une partie du premier chapitre du roman.
Dans la même scène, le récit que fait Tiennette de sa
première rencontre avec Francisque est identique dans
les deux œuvres, et au second acte les scènes 5 et 6
sont puisées directement chez Ducray-Duminil, chapitre XI. Nous donnons ici un exemple caractéristique
de l'imitation du roman que fait Pixerécourt :

Ducray-Duminil	Pixerécourt
Chap. I	Acte I, sc. 3
" Me diras-tu quel in-térêt si pressant s'attache à ce pauvre homme ? " Quel intérêt, Mon-	Dufour. — Je voudrais bien savoir quel intérêt vous prenez tous à un mendiant qui...

sieur ? Celui que je prends à tous les infortunés ; mais il a une physionomie si probe, si honnête, et si vous aviez été témoin comme moi des pleurs que sa triste situation fit répandre dans toute la ville de Sallanches et dans les environs etc. etc. ”

TIENNETTE. — Quel intérêt, Monsieur ? Celui que l'on prend à tous les malheureux. Je ne sais qui il est, cet homme ; j'ignore jusqu'à son nom, mais il a une physionomie si douce... Ah ! Monsieur, si, comme moi, vous aviez été témoin des pleurs que la situation de ce malheureux fit répandre il y a huit ans dans les environs de Sallanches, vous ne pourriez vous défendre d'un certain intérêt en sa faveur...

Dans les quatre mélodrames que nous venons d'examiner, Pixerécourt a plus ou moins collaboré avec les auteurs des ouvrages dont il s'est servi. En revanche, dans d'autres pièces l'originalité et l'invention de Pixerécourt deviennent de plus en plus marquées.

La Femme à deux maris [1] prouve que Pixerécourt, tout en empruntant une intrigue à un auteur quelconque, sait la manier avec maîtrise et la faire servir à ses besoins et à ceux de la scène.

C'est le roman de Ducray-Duminil intitulé *Paul*

[1] Mélodrame en trois actes représenté pour la première fois à Paris, au Théâtre de l'Ambigu Comique, le 14 septembre 1802.

ou la Ferme abandonnée [1] qui a fourni le sujet du mélodrame de Pixerécourt. Ses contemporains l'ont bien vu.

Le *Journal des Spectacles* (20 Fructidor an X) disait :

" C'est dans le roman de *Paul ou la Ferme abandonnée* que M. Guilbert Pixerécourt a puisé le sujet de la *Femme à deux maris*, mais il a eu presque tout à créer pour la scène. "

L'Observateur des Spectacles (Vendémiaire, an XI) :

" L'auteur en a pris le fond dans un roman intitulé *Paul ou la Ferme abandonnée* et l'a traitée en homme d'esprit qui connaît la scène ".

Et les *Petites Affiches* (Vendémiaire, an XI) :

" L'auteur a pris l'idée de sa pièce dans le roman de *Paul ou la Ferme abandonnée*, mais cet emprunt ne peut lui faire tort, car toutes les belles scènes de son drame lui appartiennent ; il a créé presque tous les caractères, et conçu un plan supérieur à celui du roman : en un mot, d'une action très difficile à mettre à la scène, il a fait un ouvrage très intéressant, vraiment dramatique et dont le succès est assuré. "

Pauline, l'héroïne du roman, a épousé Edouard marquis de Belbonne. Les quatre premières années de leur mariage ont été très heureuses. Au bout de ce temps son mari la quitte. Pauline, désolée, essayant d'oublier son chagrin, passe tout son temps à secourir les infortunés qui l'entourent. Elle apprend un jour par son cousin le commandant de Waromenil que son

[1] *Paul ou la Ferme abandonnée*, par Ducray-Duminil, Paris, 1800.

mari est mort et qu'il a laissé tous ses biens à des étrangers. Nous saurons plus tard que dans le passé, Pauline avait épousé contre la volonté de son père, un indigne aventurier dont elle avait eu un fils nommé Paul. Ce scélérat l'avait abandonnée, et Pauline, ayant reçu la fausse nouvelle de sa mort, avait épousé le marquis de Belbonne. Mais son premier mari était revenu, et ce retour avait été la cause de sa rupture avec le marquis et du départ de celui-ci. Le reste du roman traite uniquement du dévouement de Pauline à son fils Paul et de sa réhabilitation.

Le mélodrame a peu de points de ressemblance avec le roman.

Elisa Werner, femme du comte de Fersen croit que son premier mari, Isidore Fritz est mort. Mais elle se trompe. Il arrive à l'improviste et se fait reconnaître par Elisa. Il voit son fils Jules. Elisa offre de l'argent et des bijoux au scélérat qui hausse les épaules. Pourquoi accepter une misérable somme quand il peut tout avoir, car il a appris que le comte de Fersen a assuré à Elisa une fortune considérable. Fritz, malgré les supplications de sa femme, va trouver le comte de Fersen. Mais celui-ci est un galant homme, qui comprend tout de suite que ce misérable veut pratiquer un chantage. Cependant il se sent le plus faible, et il est sur le point de se soumettre aux exigences de Fritz, lorsque le major de Goltz, un parent de Fersen, accourt au bruit de la querelle et reconnaît en Fritz un ancien déserteur de son régiment. Celui-ci essaie de fuir, mais il est sous le coup d'une accusation capitale et on l'arrête. Le comte prévoit que, si Fritz subit la peine qu'il a si bien méritée, il laissera à Jules une mémoire odieuse et flétrie. Il dit à Elisa que ces épreuves ne font qu'augmenter son amour pour elle, et il va voir Fritz pour lui annoncer qu'il lui donnera la liberté s'il jure de ne jamais revenir. Celui-ci ne voit dans cette offre qu'une faiblesse ridicule, et se promet de se venger de sa défaite, tout en feignant d'accepter les propositions du Comte. Il s'est fait accompagner au château par Walter, une sorte de bandit, et lui propose d'assassiner le comte, mais le vieux sergent Bataille, " le naïf " du mélodrame, a surpris le complot et le fait échouer.

Walter enfonce son poignard dans le cœur de Fritz. Le vice est puni et la vertu récompensée. Le père aveugle d'Elisa, qui l'avait maudite pour avoir épousé Fritz contre sa volonté, retire sa malédiction et tout est pour le mieux.

Les critiques étaient donc bien renseignés, et le mélodrame appartient presque tout entier à Pixerécourt. On n'y trouve aucune trace d'emprunts textuels comme dans les pièces que nous avons déjà étudiées. On doit aussi signaler le fait que Pixerécourt change le titre du roman, ce qu'il n'avait pas fait pour *Cælina*.

Dans Robinson Crusoë [1] nous voyons un bel exemple

---

[1] Mélodrame en trois actes représenté pour la première fois à Paris, au théâtre de la Porte Saint-Martin le 2 octobre 1805.

de l'ingéniosité et de l'imagination de Pixerécourt. [1]
Il sentait bien qu'on ne pouvait choisir pour le héros
d'un mélodrame un caractère mieux connu que le
fameux Robinson, mais il ne pouvait le présenter seul
dans son île avec son chien et son perroquet. Il lui
fallait donc transformer le solitaire de Defoë en un
personnage convenant mieux aux besoins du théâtre.
Il a donc dû se reporter à un moment où l'arrivée de
nouveaux personnages dans l'île de Robinson devient
pour lui tout à la fois la source des plus graves alarmes
et le présage de la délivrance, afin de produire cette
alternative d'espérance et de crainte, base précieuse
et fondamentale de l'intérêt mélodramatique. Il a dû
créer une intrigue et une action qui n'existaient pas
dans le roman. Dans ce dessein, il inventa tous ses
personnages, à l'exception de Robinson, de Vendredi,
et du perroquet. Il fait de Robinson un homme
marié et lui suppose un fils Isidor, âgé de dix-neuf
ans.

Voici ce que Pixerécourt emprunte directement
au roman :

Au premier acte, la frayeur causée par l'arrivée
des sauvages et la délivrance du père de Vendredi
sont copiées textuellement de Defoë. [2] C'est là la seule
occurence dans cette pièce où Pixerécourt copie litté-

---

[1] Journaux consultés : *Courrier des Spectacles*, 3 octobre 1805 ; *Journal de Paris*, même date.

[2] PP. 205-215 de l'édition des *Chandos Classics*, réimprimée de l'édition de 1719.

ralement son original, mais il a su faire parler son héros tout à fait dans le style de Robinson.[1]

D'ailleurs, Pixerécourt suit de près Defoë dans la bataille de Robinson contre les matelots rebelles. Le stratagème qu'il met en œuvre, en faisant porter à chacun de ses hommes une grosse branche d'arbre qu'il tient devant lui, de manière à tromper l'ennemi, ne se trouve pas dans le roman. Il est évident que c'est dans *Macbeth* de Shakespeare que Pixerécourt a pris cette idée.

En somme, Pixerécourt ne doit pas beaucoup à Defoë, et l'on peut considérer cette pièce comme l'un de ses triomphes au point de vue de la construction et de l'invention.

C'est encore d'une traduction que s'est servi Pixerécourt. Nous trouvons dans le catalogue de sa bibliothèque, p. 208 : *La Vie et les Aventures surprenantes de Robinson Crusoë*, trad. de l'anglais (de Daniel de Foë, par de Saint-Hyacinthe), Amsterdam, 1727, 3 Vol. in-12.

Dans *Le Chien de Montargis ou la Forêt de Bondy*[2] Pixerécourt, tout en faisant grand étalage de ses sources, réussit à faire une pièce d'une grande originalité.

Ce mélodrame, pour lequel Pixerécourt écrivit une

---

[1] Voir la tirade qui commence "Vous le voyez, mes amis... " Acte II, sc. I.

[2] Mélodrame historique en trois actes, représenté pour la première fois à Paris, au théâtre de la Gaîté, le 18 juin 1814.

“Note historique” suivie de la liste des “auteurs qui rapportent cette anecdote, et sur l'autorité desquels on a dû s'appuyer ”[1] fut un de ses plus grands succès. On l'a joué presque sans interruption de 1814 à 1835. Pixerécourt ajoute un compte-rendu de l'histoire d'Aubri de Mont-Didier, qu'il fit distribuer avant la représentation, pour apprendre aux spectateurs les détails de l'assassinat et la manière miraculeuse qui fit reconnaître le coupable, désigné par la haine et la fureur du chien du malheureux Aubri. Voici la liste des autorités citées par Pixerécourt : Olivier de la Marche, *Traité des Duels* ; Jules Scaliger, *De Exercitatione* ; Belleforest, *Histoires prodigieuses* ; Claude Expilly, *Plaidoyer sur l'Edit des Duels* ; Bernard de Montfaucon, *Monuments de la Monarchie française* ; Marc de Vulson, Sieur de la Colombière, *Le Vrai Théâtre d'Honneur et de Chevalerie* ; Saint-Foix, *Essais historiques sur Paris* ; et Sainte-Palaye, *Mémoires sur l'Ancienne Chevalerie*.

D'après cette liste il paraît que Pixerécourt croyait que la plus ancienne version de cette légende se trouvait dans le *Traité des Duels* d'Olivier de la Marche, qui date du milieu du 15me siècle.[2] Mais cette légende se trouve dans un ouvrage latin, un manuscrit, qui aurait été composé par Albéric de

---

[1] Voir p. 119, t. III, du *Théâtre choisi.*

[2] Ceci n'a rien de surprenant, car Olivier de la Marche ne donne pas ses sources mais dit d'une façon assez imprécise qu'il a tiré son histoire : Ès Anciennes Chroniques.

Trois-Fontaines en 1240. Il donne l'année 770 comme la date de l'assassinat d'Aubry. La même légende forme le sujet d'une Chanson de Geste de la fin du 12ᵐᵉ siècle intitulée *La Reine Sibile* ou *Macaire*, chanson écrite en vers décasyllabiques. Le sujet fut traité de nouveau au 14ᵐᵉ siècle, par Gace de la Buigne[1] dans ses *Déduits de la Chasse* entre 1359 et 1373, et nous le trouvons encore dans le *Livre de la Chasse* de Gaston Phébus, Comte de Foix.[2]

En 1393, l'auteur anonyme du *Ménagier de Paris* répète la légende dans son livre, et elle reparaît plus tard vers 1420, dans le *Traité des Duels* d'Olivier de la Marche, cité par Pixerécourt.[3]

La légende avait déjà subi des changements quand Pixerécourt la lut dans le *Traité des Duels*. Elle devait en subir davantage encore, car Pixerécourt, voulant prouver comme il pouvait débrouiller l'écheveau le plus compliqué, a singulièrement corsé l'aventure historique. Il s'efforce d'ailleurs d'observer les unités, et il omet le combat entre le chien et Macaire, qui est le trait essentiel de l'histoire. On pourra se rendre compte, d'après la courte analyse qui suit, des changements qu'a introduits Pixerécourt dans son mélodrame.

Le chevalier Gontran arrive à Bondy avec sa compagnie d'archers. L'un d'eux, Aubri de Mont-Didier,

---

[1] Chapelain de Philippe VI et de Charles V.

[2] Phébus mourut en 1391.

[3] Pour ces détails consulter *Macaire*, chanson de geste, dans la Bibliothèque de l'Ecole des Chartes, article par F. Guessard, 5ᵐᵉ série, Paris, 1864.

vient d'être nommé lieutenant par le roi, qui a en même temps approuvé le mariage d'Aubri avec la fille de son capitaine. Un autre archer nommé Macaire, aspire aussi à devenir lieutenant et à épouser la fille de Gontran. Macaire, jaloux et incité par son ami Landry, provoque Aubry en duel. Aubry désarme Macaire, mais par un élan trop généreux, lui épargne la vie. Macaire et Landry assassinent Aubry dans la forêt. Au second acte le corps d'Aubry est trouvé, grâce à la sagacité de son chien Dragon. D'abord, on ne soupçonne pas Macaire : on croit que c'est Eloi, jeune homme muet, qui est coupable du crime. On va le mettre à mort, quand Dragon apercevant Macaire lui saute à la gorge. Les soupçons retombent sur lui. Le chien est tué par son complice Landry. Enfin le niais obligé, le valet d'auberge Bertrand, apporte la ceinture de Macaire, qu'il a oubliée sur le lieu du crime. C'est là la preuve nécessaire. Macaire avoue en ces termes que c'est lui qui a tué Aubry :

" Je n'étais pas né pour le crime. Une passion insensée et des conseils perfides m'ont égaré au point de me faire commettre un double meurtre, car cet infortuné jeune homme s'est vu près de périr pour expier ma faute. Le ciel est juste : il sauve l'innocent et frappe deux coupables à la fois. Je lui rends grâce de m'ôter une existence que je ne pouvais supporter, chargé de l'épouvantable fardeau d'un tel crime ".

Le Fanal de Messine[1] offre un intérêt spécial, car

[1] Mélodrame en trois actes représenté pour la première fois au théâtre de la Gaîté, le 23 juin 1812.

c'est la seule fois que Pixerécourt a trouvé un sujet
de mélodrame dans un poème.

" Le sujet du " Fanal de Messine " est emprunté à
un poète français... à Gentil Bernard. Ceux qui con-
naissent le petit poème de " Phrosine et Mélidore ",
ou qui voudront consacrer deux heures à le lire,
s'apercevront à l'analyse que je vais donner de cette
pièce, des heureux changements qu'on a faits au sujet,
en l'offrant à la scène sous le titre du " Fanal de
Messine ". [1]

Le poème de Bernard (publié à Paris en 1797)
comprend quatre chants. La vierge Phrosine aime
Mélidore, mais elle a deux frères dont l'aîné, Aymar,
veut qu'elle épouse un homme d'un rang plus élevé
que son amant. Le frère cadet, Jules, a conçu pour sa
sœur une passion incestueuse. Phrosine se décide à
s'enfuir avec Mélidore, mais Aymar survient, se bat avec
lui et reçoit une blessure aux mains. Jules veut venger
son frère : Phrosine arrive et interrompt le combat.
Mélidore se retire et après avoir répandu le bruit de
sa mort, il quitte le pays. Il se réfugie dans une
petite île à quelques lieues du château des deux frères
et devient le disciple d'un vieil ermite. Quand le
vieillard meurt, peu de temps après, Mélidore revêt
ses habits, et tout le monde le prend pour l'ermite.
Toutes ses pensées sont pour Phrosine, qui a appris
que son amant vit toujours. Chaque soir avec sa
fidèle suivante elle s'exerce à la nage. Un soir qu'elle

---

[1] Le *Journal de Paris*, 24 juin 1812. Notice par Dusaulchoy.

fait une promenade en barque sur la mer, Jules, qui l'accompagne seul, essaie de la violer. Elle lui échappe non sans peine en se jetant à la mer. Jules est sur le point de se noyer. Un jour Phrosine obtient d'Aymar la permission d'aller voir le saint ermite de l'île. Elle le voit, lui promet de venir le voir la nuit prochaine à la nage, et lui demande d'allumer chaque nuit un fanal pour la guider parmi les flots. Mélidore accède à sa demande. Phrosine arrive saine et sauve, et passe la nuit dans ses bras. Jules va consulter une sorcière qui lui montre dans un miroir magique comment Phrosine passe ses nuits. Il raconte ce qu'il a vu à Aymar. Les deux frères complotent la mort de Phrosine. Ils allument un autre fanal sur une barque qu'ils conduisent eux-mêmes. Phrosine suit la lueur trompeuse jusqu'au moment où, lasse de lutter contre les flots, elle se laisse couler. Son cadavre est rejeté par la mer sur le rivage où Mélidore le trouve. Lui aussi, désespéré, cherche à rejoindre sa chère compagne en se noyant dans la mer qui la lui a ravie.

Voici le mélodrame qu'en a tiré Pixerécourt :

Mélidore, jeune capitaine de vaisseau, s'est fait un nom par sa bravoure. Il adore la belle Phrosine qui répond à son amour. Encore un jour et ils seront mariés. Mais un ordre fatal arrive. Mélidore promu au grade de chef d'escadre doit partir sur le champ. C'est le farouche Aymar, gouverneur de Messine et tuteur de Phrosine qui a sollicité pour Mélidore cet ordre en même temps honorable et cruel. Aymar est amoureux de sa pupille, et non content d'avoir éloigné Mélidore, il a conçu le projet de le faire périr. Des pirates d'Afrique, à la solde d'Aymar, attaquent le vaisseau qui porte son rival, et tout semble annoncer que Mélidore a perdu la vie dans le combat.

A cette affreuse nouvelle, la raison de Phrosine s'égare. Elle n'en retrouve quelque lueur qu'auprès du tombeau qu'elle a fait élever à son amant. Elle veut que l'inauguration de ce monument soit célébrée par une cérémonie funèbre. Aymar préférant honorer son rival mort que le craindre vivant, se prête aux désirs de Phrosine. Mais voulant la distraire un peu de ses idées noires, il imagine de réunir la fête de l'hymen à la fête de la mort, et l'on doit, après l'hommage rendu à la mémoire de Mélidore, assister au mariage d'une jeune fille dotée par Phrosine. Tous les vaisseaux du port donnent le signal par une triple salve d'artillerie. Le cortège funèbre défile. L'inconsolable amante adresse les plaintes les plus touchantes au tombeau qui ne renferme pas les restes de celui qu'elle regardait comme son époux. A ce moment, la pierre du monument se soulève. Mélidore paraît, Mélidore qui avait chargé Fidélio, son jeune et dévoué serviteur, de prévenir Phrosine. Mais la jalouse surveillance d'Aymar a rendu vains les efforts de Fidélio. Mélidore engage Phrosine à demander la permission de faire un voyage à la grotte du vertueux Orèbe. Ce saint personnage, " le plus savant des philosophes grecs ", habite une petite île très voisine de Messine. Phrosine s'y rend accompagnée d'Aymar. Ils sont reçus par Mélidore qui a revêtu les habits d'Orèbe mort depuis quelque temps. Phrosine trouve le moyen de parler seule à Mélidore, et avant de quitter l'île elle fait le serment de rejoindre bientôt et pour jamais son amant.

Aymar, trompé par un faux avis, croit que Melidore est caché à Messine dans le palais même du gouvernement, et qu'il a l'intention de s'introduire la nuit dans l'appartement de Phrosine. Il fait cerner le palais et soudoie des assassins pour poignarder son rival.

Cette nuit, Phrosine veut rejoindre son amant. Une torche allumée, placée sur la tour où sont les débris d'un vieux fanal, doit guider vers lui sa nacelle. Le tyran Aymar s'aperçoit de sa fuite. Il arrive avant elle et fait éteindre le fanal. L'orage gronde, la foudre éclate, et la barque de Phrosine vient se briser contre un rocher où veille un des soldats d'Aymar. Phrosine s'accroche aux pointes du rocher. Aymar fait un signe, et la main du monstre la repousse dans les flots. Mélidore désespéré se trahit par ses cris ; il est saisi, désarmé, attaché à une colonne malgré les pleurs et les prières de Phrosine qui, sauvée par Fidélio, se jette aux genoux d'Aymar. Les deux amants vont périr, mais le ciel intervient. Tous les marins de la flotte, avertis par Fidélio, arrivent. Ils s'emparent d'Aymar et de ses sanguinaires agents qui sont livrés à la juste sévérité de la loi. Mélidore et Phrosine oublient dans les bras l'un de l'autre leurs longues infortunes.

Il y a donc peu de ressemblance entre le poème de Bernard et le mélodrame de Pixerécourt. Aymar y est le tuteur et non pas le frère de Phrosine. Mélidore devient capitaine d'un vaisseau de guerre. Le personnage de Jules est omis. C'est Aymar qui est amoureux de Phrosine. L'épisode de l'ermite s'y trouve, mais Phrosine lui rend visite accompagnée d'Aymar, pour ne pas choquer le public. L'incident du fanal est complètement modifié et tout finit bien.

Pixerécourt ajoute, comme d'habitude, beaucoup d'incidents et de personnages qui ne se trouvent pas dans la source où il a puisé le sujet de sa pièce. Au lieu des cinq personnages du poème, il y en a onze dans le mélodrame, et les "scènes déchirantes" y sont très nombreuses.

Il est évident que le poème de Bernard est une sorte d'inversion de l'histoire de Héro et Léandre. Pixerécourt omet complètement l'épisode de la nage et ne doit rien à la vieille légende.

Dans *Ali-Baba ou les Quarante voleurs* [1] Pixerécourt a tiré d'une histoire bien connue un mélodrame qui ne doit que très peu à sa source.

Ce mélodrame est une adaptation très libre de l'histoire d'Ali-Baba, tirée de la traduction de l'arabe

---

[1] Mélodrame en trois actes, représenté pour la première fois au théâtre de la Gaîté, le 28 septembre 1822.

d'Antoine Galland, publiée à Paris en 1704-1708. Nous trouvons en effet ce livre mentionné dans le catalogue de la bibliothèque de Pixerécourt.[1] On pourra se rendre compte, en lisant l'analyse qui suit, que l'auteur prend de grandes libertés avec sa source, laquelle est si bien connue de tout le monde qu'un résumé en serait superflu.

La scène du mélodrame se passe à Bagdad. Ali-Baba, bûcheron pauvre mais honnête, trouve une caverne contenant un trésor, qui appartient à une bande de voleurs. Ayant chargé d'or son âne à deux reprises, il y revient une troisième fois. Mais le changement qui s'était opéré dans sa façon de vivre a excité la curiosité de sa sœur Morgiane et de son beau-frère Cassim. Ils suivent Ali-Baba et découvrent le secret de ses richesses. Cassim entre dans la caverne. Les voleurs l'y découvrent et le tuent. Ali-Baba retrouve son cadavre, le rapporte à la ville, mais il a oublié son turban dans la caverne. Cet indice suffit à le dénoncer aux voleurs. De retour à la ville, par l'indiscrétion de son neveu Saadi Ali-Baba est en grand péril. Les voleurs sous la direction de leur chef Massour, tendent constamment des pièges dans lesquels il serait tombé à plusieurs reprises, sans le sang-froid et la finesse de son esclave favorite Zutulbé. Enfin, à une fête donnée par Massour dans un magnifique caravansérail, la bande entière des voleurs est arrêtée. Triomphe d'Ali-Baba et de Zutulbé !

[1] *Bibliothèque de G. de Pixerécourt*, p. 85, Paris 1838.

On aperçoit tout de suite les nombreuses modifications que Pixerécourt a fait subir à l'histoire arabe.
Aucune allusion au " Sésame, Ouvre-toi ". Le beau-
frère d'Ali-Baba (dans la version originale Cassim
est son frère) trouve la mort par une coïncidence
funeste, et non pas parce qu'il a oublié les paroles
magiques. D'ailleurs le chef des voleurs n'est pas tué
par Zutulbé, la Morgiane de l'histoire arabe. On se
rend compte que Pixerécourt ne se contente pas de
changer les incidents, mais qu'il introduit des modifications dans les rôles des personnages mêmes, et cela
sans aucune raison apparente. On pourrait très bien
croire qu'il a écrit son mélodrame d'après ce qu'il
croyait se rappeler de l'histoire, et qu'il ne l'avait pas
récemment relue. Cela expliquerait pourquoi il a fait
subir tant de changements non seulement aux incidents mais encore aux personnages.

Le chef des brigands, dans la traduction de Galland,
n'est pas nommé ; Pixerécourt l'appelle " Massour ".
Pixerécourt donne le nom de Morgiane à la sœur
d'Ali-Baba, et il appelle Zutulbé la Morgiane de
Galland. Nous insistons quelque peu sur cette question
de noms, car Pixerécourt dans la plupart de ses pièces
conservait assez soigneusement les noms des personnages qu'il empruntait. Ce mélodrame constitue donc
une exception importante. Voici les personnages de
la pièce de Pixerécourt :

Ali-Baba.

Saadi, (son neveu) le fils dans l'histoire arabe.

Massour, chef des voleurs.

Nourmahal, son lieutenant.

Hirzagar,
Ourken } deux des voleurs.

Morgiane, sœur d'Ali-Baba.

Zutulbé, esclave favorite d'Ali-Baba.

On doit noter qu'à l'exception d'Ali-Baba et de Morgiane, tous les noms sont de l'invention de Pixerécourt.

Il n'y a aucun emprunt textuel à signaler dans ce mélodrame. Cela n'a rien de surprenant, car comme nous l'avons déjà dit, Pixerécourt s'est fié entièrement à sa mémoire pour écrire cette pièce.

Valentine ou la Séduction[1] est une pièce qui paraît être entièrement de l'invention de Pixerécourt.

Elle sort du genre ordinaire du mélodrame. Cette pièce, d'une conception très hardie et de l'effet le plus vigoureux, est plutôt une tragédie bourgeoise qu'un mélodrame. Valentine, fille d'un brave et respectable soldat aveugle, a été séduite par Adrien, jeune peintre qui l'a aidée à perfectionner et à vendre les petits ouvrages dont le prix sert à nourrir son père. Le peintre Adrien n'est autre que le Comte Edouard, fils du premier ministre, déjà marié à la belle Comtesse Honora. Valentine consent à un mariage secret. Mais bientôt elle apprend qu'elle est la victime d'une ruse

[1] Mélodrame en 3 actes, représenté pour la première fois au théâtre de la Gaîté, le 15 décembre 1821.

infernale. Les parents, les témoins, le ministre, tout est faux ; tous sont des complices du séducteur. Cependant le Comte Edouard n'eût jamais conçu une pareille infamie sans les conseils pernicieux du Comte Ernest, homme sans mœurs, libertin qui se fait un jeu de l'honneur des femmes. C'est lui qui a prêté à Edouard la maison où Valentine a passé sa nuit de noces. Quelques mots échappés à un valet révèlent à Valentine l'horreur de sa position, et c'est ici que l'action commence. Valentine s'élance d'un pavillon en s'écriant : "Oh ciel ! je ne suis point mariée " !

La légitime épouse du comte, qui est instruite par Valentine de la conduite coupable de son mari, lui témoigne le plus tendre intérêt ; elle lui offre des consolations, des secours, sa protection. Mais Valentine ne peut survivre à son déshonneur. S'étant assurée que son père aura un asile sûr pour ses derniers jours, elle met fin à son existence en se noyant dans le canal qui traverse les jardins du palais de son séducteur. Cette catastrophe a lieu pendant une fête que donne le ministre et amène un dénouement du plus grand effet. Le Comte Edouard reste en proie à la douleur et aux remords qui le déchirent ; le baron Ernest va éprouver la rigueur des lois, et le père de Valentine s'écrie : " Ma fille est morte ! Grand Dieu ! Otez-moi la vie que je ne puis supporter sans elle ! "

L'étude que nous venons de faire des mélodrames de Pixerécourt montre que le trait saillant de son œuvre, celui qui la caractérise le plus, est l'invention. Voilà ce qui nous saute aux yeux en lisant n'importe quelle de ses pièces et en la comparant à la source où il a puisé le sujet. Reportons-nous par exemple à *Cœlina*, l'une de ses premières pièces, et nous serons tout de suite frappés par la facilité avec laquelle il se tire d'affaire, en inventant des scènes, des situations et des personnages qui n'existent aucunement dans le roman de Ducray-Duminil. Ajoutons que tous ses admirateurs et les critiques contemporains sont d'accord pour lui attribuer cette puissance d'invention et d'imagination. [1]

Cependant Pixerécourt préférait se servir de sources qui étaient, pour ainsi dire, à sa portée et n'inventait que rarement l'intrigue de ses mélodrames. Les pièces qui ont eu le plus grand nombre de représentations sont celles qui ont pour fond un roman célèbre, ou un épisode historique renommé. *Cœlina* eut 1476 représentations ; *Le Pélerin Blanc*, 1533 ; *Tékéli*, 1334 ; *Le Chien de Montargis*, 1158 ; *La Femme à deux maris*, 1346 ; *L'Homme à trois visages*, 1022 ; et *Robinson Crusoë*, 752. Pixerécourt, en homme qui connaissait à fond son public, préférait donc faire choix d'un sujet bien connu, et son imagination était toujours là pour lui donner la forme la plus attrayante et la plus efficace.

Pixerécourt s'affranchissait toujours de ses sources,

---

[1] Charles Nodier. *Préface au Théâtre choisi*, page xv. Paul Lacroix, *Notice de Cœlina*, t. I, p. 7, Ducray-Duminil, t. I, p. 6, etc.

lorsqu'elles ne lui offraient pas un intérêt mélodramatique suffisant. Dans *Cælina*, Pixerécourt suit de très
près le roman pendant le premier acte, parce qu'il y
trouve assez d'intérêt pour lui donner les situations
dramatiques dont il a besoin. Mais plus tard, quand
l'intérêt du roman s'affaiblit, il invente des personnages et il crée des situations. Ainsi dans le *Pèlerin
Blanc* il invente la plus grande partie de la pièce. Pour
la Femme à deux maris, Pixerécourt a bien vu que dans
le roman, c'est l'arrivée à l'improviste du premier
mari qui constitue l'essentiel dramatique de sa pièce.
C'est pourquoi il insiste sur cette situation, tandis que
le roman de Ducray-Duminil s'occupe d'une foule de
choses d'une importance secondaire, et devient tout
à fait ennuyeux.

Cependant, les raisons que nous avons déjà données
ne suffisent pas pour expliquer complètement, comment et pourquoi Pixerécourt laisse de côté ses sources
et se rapporte à son imagination.

A chaque instant, on est frappé en lisant ses pièces,
par le fait qu'il s'acharne à créer des personnages et
des incidents, même dans des cas où il lui aurait suffi
de s'en tenir à ses modèles. On n'a qu'à examiner le
mélodrame d'*Ali-Baba* dont nous avons donné une
étude détaillée. Là, il avait pour modèle une histoire
pleine d'incidents, de situations frappantes, et d'intrigues. Au lieu de l'imiter, ce qu'il aurait bien pu faire,
il omet les épisodes du *Sésame ouvre-toi*, des brigands
tués par l'huile bouillante, et à la scène finale, où

Morgiane doit assassiner le capitaine de la bande des brigands, il substitue un dénouement qui est tout de son invention. Nous constatons le même fait pour plusieurs autres mélodrames, et on pourrait dire que Pixerécourt se plaisait souvent à s'affranchir de ses sources, et aimait mieux user de son imagination que suivre d'une façon servile l'intrigue de son modèle, même lorsque cette intrigue lui eût suffi.

Pixerécourt ne craint pas d'inventer dans les sujets historiques ou quasi-historiques. Même lorsqu'il écrit son *Christophe Colomb*, il donne à Colomb comme compagnon de voyage, son fils Diégo sous le nom de Pédrille, et son filleul Inigo qui fournit la plus grande partie de l'élément comique de la pièce. Diégo s'est embarqué secrètement sur le navire de son père, il veillera sur lui et sous un travestissement il fera échouer le complot de Pinson.[1] Un peu plus loin, la scène où les sauvages tuent Pinson est entièrement de l'invention de Pixerécourt.[2]

En fait d'invention, c'est peut-être *Robinson Crusoë* qui constitue son chef-d'œuvre. Jamais île déserte ne fut plus peuplée que celle du Robinson de Pixerécourt, et d'ailleurs par des personnages que Defoë n'aurait pas reconnus. Cette île fut choisie pour point de débarquement par l'équipage d'un navire révolté à l'instigation du contre-maître Atkins, pour y abandonner le capitaine. Ce capitaine, c'est

[1] *Christophe Colomb*, acte I, sc. IX, XV ; acte II, scènes VI et VII.
[2] *Christophe Colomb*, acte III, scènes XXI-XXVIII.

Don Diego, armateur portugais, beau-père et ami de Robinson. Il avait freté un vaisseau exprès pour retrouver son parent et avait amené avec lui Emma, la femme de Robinson et Isidor, son fils. Il se livre des combats sanglants dans cette île tout-à-l'heure déserte, entre la petite armée de Robinson et les matelots rebelles. C'est grâce au père de Vendredi que la victoire se déclare en faveur du parti de Robinson. Un vaisseau paraît, on s'apprête à partir, on danse et tout le monde s'embarque pour San Salvador.

Ainsi Pixerécourt, soit qu'il emprunte un sujet à l'histoire, au roman, à la légende, soit qu'il crée de toutes pièces l'intrigue qui lui permettra de mettre en relief les situations mélodramatiques, fait preuve de la plus grande imagination et d'un sens théâtral impeccable. Il va même jusqu'à jouer la difficulté, comme par exemple dans *Ali-Baba* où il substitue ses propres créations aux détails pittoresques du conte célèbre. De même certaines personnes douées de sens musical ne peuvent reproduire de mémoire une mélodie, mais la modifient plus ou moins heureusement, en lui faisant subir malgré elle l'empreinte de leur personnalité.

CHAPITRE V

Avant d'étudier les autres qualités de Pixerécourt il faut se rendre compte de sa conception du mélodrame. Il nous dit lui-même dans les *Dernières Réflexions sur le Mélodrame* qu'après une étude prolongée des œuvres de Mercier et de Sedaine, il avait compris que pour réussir au théâtre, il fallait d'abord et avant tout faire choix d'un sujet dramatique et moral ; qu'il fallait ensuite un dialogue naturel, un style simple et vrai, des sentiments délicats, de la probité, du cœur, un heureux mélange de gaîté et d'intérêt, de la sensibilité, la juste récompense de la vertu et la punition du crime ; qu'à toutes ces qualités essentielles, il fallait joindre l'esprit d'ordre, le goût, et la sévérité qui doivent régner dans les répétitions ; qu'il fallait avoir d'ailleurs l'entente de la mise en scène. L'auteur dramatique devait savoir lui-même mettre sa pièce en scène. Il ajoute que l'on doit observer les unités autant que possible, surtout les unités d'action et de temps.

Voilà donc, selon Pixerécourt, les qualités essentielles que doit posséder un bon écrivain dramatique,
et il les possédait toutes à un degré plus ou moins
développé.

Mais Pixerécourt, qui a écrit tant de mélodrames
historiques, n'a pas parlé des qualités de l'historien. Il
n'a pas dit qu'un auteur de mélodrames doit modifier
l'histoire quand elle n'est pas suffisamment théâtrale.
Au contraire, il vante beaucoup son désir de se conformer à la vérité. Il y a dans *Charles le Téméraire* un
changement à vue (Acte III, Sc. XI), le premier qui
se trouve dans le théâtre de Pixerécourt.

Celui-ci d'ailleurs s'en excuse de façon assez
humble. [1] " C'est la première fois, dit-il, que je me
permets cette violation des règles dramatiques, et j'en
demande pardon à mes juges. Quoi que l'on dise du
mélodrame et des abus auxquels il se livre, je n'ai
jamais cherché à réussir par des moyens irréguliers. Je
les ai remarqués dans plusieurs drames lyriques tels
que le Déserteur[2], Richard[3], etc... mais je n'ai pas
cru devoir m'autoriser de ces licences pour porter un
mauvais exemple sur les théâtres secondaires. J'ai
constamment respecté les lois établies par les maîtres
de l'art ; *mais dans cette circonstance je tenais à présenter
toute la vérité et il fallait, pour me conformer à l'histoire,*

---

[1] *Théâtre choisi*, t. III, p. 296, note.

[2] *Le Déserteur*, par M. J. Sedaine, Paris, 1769.

[3] *Richard Cœur de Lion*, comédie en 3 actes par M. J. Sedaine, Paris,
1784.

montrer le lieu même où Charles a péri. Je demande donc grâce pour cette fois, sans tirer à conséquence. "

Les mots de Pixerécourt que nous avons soulignés nous montrent un autre aspect de son esprit. En traitant les sujets historiques, il avait la manie de faire étalage de ses connaissances. Prenons par exemple *Charles le Téméraire.* Il commence en le dédiant : " Aux citoyens de Nancy ". Puis vient une *Lettre Stratégique* du Général Jomini, ensuite une *Notice Stratégique sur la bataille de Nancy en* 1477 de son ami P. Bergère, Colonel du Génie à Metz, enfin une *Note Historique et Préface* qu'il a écrite lui-même, et qui contient le plan exact de la bataille de Nancy.

En lisant la pièce même, nous trouvons à chaque moment des Notes d'auteur : *Historique* ou *Les détails sont historiques,* ou *C'était en effet l'opinion de Philippe de Commines,* ou *Propres paroles du Duc de Bourgogne extraites d'un manuscrit du temps.* Au second acte, nous trouvons des indications topographiques telles que : *Maintenant la Porte Notre Dame, Aujourd'hui la rue de l'Opéra, Cette fontaine est maintenant à l'angle opposé.* Puis au quatrième acte il nous donne les renseignements suivants : *L'écu d'or valait* 11*l.* 19*s.* 5*d. de notre monnaie,* ou bien : *Cette décoration est conforme aux plans et descriptions donnés par les historiens du temps.* Il faut ajouter que pour cette pièce Pixerécourt nous donne dans sa *Note historique et Préface* la liste des ouvrages qu'il a consultés. Citons un passage de cette préface qui montre très bien le mélange de modestie et de vanité un peu naïve de Pixerécourt à ce sujet :

"Je n'ai rien outré, rien exagéré ; le caractère de Charles est tel que l'ont dépeint les historiens dont je donne ici la liste. Depuis le mois d'août 1813, époque à laquelle cet ouvrage a été présenté à la censure et défendu, j'y ai fait de nombreux retranchements et pas une addition. Par malheur ma voix est trop faible pour un si grand sujet. Cette vaste composition semblait appeler les pinceaux d'un maître habile, et je n'ai produit qu'une esquisse. J'ai tâché du moins que l'on y reconnût une teinte locale, le ton du sentiment et les couleurs historiques ". [1]

Dans *Latude ou trente-cinq ans de captivité*, (1834,) Pixerécourt fit de grands frais pour conserver l'atmosphère historique. Il emprunta à un certain colonel Maurin une collection d'objets qui avaient appartenu à Latude et qu'il fit exposer au foyer du théâtre. Parmi ces objets se trouvaient l'échelle que Latude avait construite en effilant ses draps, la scie qu'il avait fabriquée avec son chandelier, le maillet, le marteau fait avec un grand clou, le canif obtenu avec la moitié d'un briquet, et une quantité d'autres objets fabriqués par le prisonnier pour faciliter son évasion. [2]

Pour le *Chien de Montargis*, Pixerécourt donne ainsi que nous l'avons mentionné, la liste de ses sources. Pour *Tékéli*, il obtient du général Jomini une "Notice" qui occupe 13 pages de son *Théâtre choisi*.

[1] *Théâtre choisi*, III, p. 212.
[2] Chap. III, p. 114.

Cependant malgré cet étalage de sources, d'autorités et de documents, ce désir de créer une atmosphère historique pour ses pièces, Pixerécourt est loin d'être l'auteur de pièces véritablement historiques.

Ainsi pour ce même *Charles le Téméraire*, il admet dans sa préface qu'il a commis un anachronisme en mettant en scène Philippe de Commines, qui n'était plus attaché au Duc de Bourgogne à l'époque où se passait la scène : " On me pardonnera, dit-il, ce léger anachronisme en faveur du désir auquel je n'ai pu résister de mettre en scène un historien aussi distingué, à qui ses Mémoires ont mérité le surnom de *Tacite françois*, et encore à cause des principes vertueux qu'il exprime dans le cours de la pièce. "[1] Comparons ces paroles à ce qu'il vient de dire à la page précédente : " Pour conserver la vérité historique et précieuse, j'ai consulté l'*Histoire manuscrite de René II* par Favet, l'*Histoire manuscrite de Lorraine* par Jean de Lud, le *Discours des choses advenues en Lorraine*, La *Guerre de René II* par P. Aubert, *La Nancéide*, poème latin, par Pierre de Blain, etc., etc. " et ajoutons encore la phrase qui se trouve un peu plus loin : " Tous les personnages sont historiques excepté ceux de Léontine et de Marcelin, qui sont d'invention ; mais il est tout naturel de croire que Cifron était marié, et rien ne s'oppose à ce qu'il ait épousé la fille de Gérard Daviller ".[2]

<hr>

[1] *Théâtre choisi*, t. III, p. 214-5.
[2] *Théâtre choisi*, t. III, p. 213.

Voilà en effet une façon bizarre de construire des mélodrames historiques !

De même dans le *Chien de Montargis* pour lequel il cite ses autorités, il invente des situations qui n'existaient pas du tout dans ses sources, et il omet la source la plus importante, celle de " Macaire ". [1]

Nous avons vu que dans les *Maures d'Espagne* [2] il explique que l'idée d'envoyer les enfants au camp du conquérant pour lui demander merci est empruntée aux *Hussites à Naumburg* de Kotzebue, mais que le sujet de la pièce allemande, étant tiré des guerres de religion, ne conviendrait aucunement à la scène française, et qu'il pensait devoir adapter cette situation à un autre sujet également historique mais plus généralement connu.

Dans la *Forteresse du Danube*, pièce tirée de *Hugo Grotius* de Kotzebue, nous avons vu que Pixerécourt prend toutes sortes de libertés avec l'histoire. Il met la scène près du Danube au lieu de la placer en Hollande. Il substitue Joseph II, Empereur d'Allemagne, au Prince d'Orange, et au lieu de Hugo Grotius, il nous donne " le chevalier Evrard, prisonnier au Château de Gunzbourg ". [3]

Le fait est que pour Pixerécourt, malgré son étalage un peu enfantin d'autorités et de sources, l'histoire, ainsi qu'il l'a comprise, n'est qu'un cadre. Ce sont les

---

[1] Voir au chapitre IV, pp. 153-5.
[2] Chapitre III, p. 96.
[3] Chapitre III, p. 115.

situations qui ont pour lui une valeur véritable et nous voyons qu'il les déplace à son gré. Il se servait si fréquemment de sujets historiques parce que la foule aimait qu'on frappât son imagination par les noms fameux qui réveillaient de grands souvenirs.

C'est surtout dans ses mélodrames historiques que Pixerécourt se piquait d'introduire de la couleur locale.[1] Prenons par exemple son *Christophe Colomb*. Il nous dit dans une " Observation " : " Je me suis attaché particulièrement à conserver les mots techniques, et à peindre ce que l'on peut appeler les *mœurs d'un vaisseau*. J'ai mis le même soin dans le troisième acte à l'imitation des usages, costumes et signes caractéristiques des sauvages. Tout y est strictement conforme à la vérité. "[2]

Quant à la reproduction des *mœurs d'un vaisseau*, la citation suivante suffira pour montrer comment Pixerécourt a dû s'appliquer à apprendre les termes techniques. Au commencement du premier acte, avant le lever du rideau, pendant l'ouverture qui doit

---

[1] C'est Voltaire le premier, d'après M. Faguet, qui a inventé cette couleur locale tout extérieure, qu'on puise dans un manuel d'histoire ou de géographie. C'est lui qui s'est avisé le premier de mettre des Péruviens et des Chinois sur la scène, de faire contraster dans *Zaïre* les mœurs turques et les mœurs chrétiennes et dans *Alzire* l'ancien et le nouveau monde. Pixerécourt évidemment va beaucoup plus loin que Voltaire et même que ses successeurs les romantiques.

[2] Comparons à ceci ce que dit Victor Hugo de son Ruy Blas : " Du reste, et cela va sans dire, il n'y a pas dans *Ruy Blas* un détail de la vie privée et publique, d'intérieur, d'ameublement, de son, d'étiquette, de biographie, de chiffre ou de topographie qui ne soit simplement exact ".

peindre une tempête violente, on entend derrière le rideau ces commandements faits d'une voix forte par le maître d'équipage et " toujours précédés d'un coup de sifflet ".

" Cargue la grande voile ! Cargue la misaine ! Cargue l'artimon !... (*Le tonnerre, la pluie, la grêle, le vent, le mugissement des vagues, tout contribue à fixer l'attention du spectateur, en le transportant en idée sur cette scène d'horreur. A un moment de calme succède un effroyable craquement; le maître d'équipage crie :* " Nous touchons " (*on tire deux coups de canon*). Tout le monde sur l'avant ! (*On entend en effet le bruit que font les gens d'équipage en courant de l'arrière à l'avant. Le bosseman s'écrie avec effroi :*) Du monde à la pompe !... Charpentier à la cale !..... Bouche la voie d'eau. (*A ce violent tumulte succède par degré le beau temps dont l'orchestre exprime le retour. On entend l'un après l'autre ces commandements faits par le maître d'équipage :*) Hors le grand foc ! Hisse les huniers ! Borde l'artimon ! Dresse la barre ! "

Quant à l'imitation des costumes des sauvages, il est un peu difficile de comprendre ce que Pixerécourt a voulu nous dire ; car nous savons que les habitants de l'île Guanahani ne portaient en 1492 comme vêtements que quelques ornements en or ! [1]

Dans *l'Observation* déjà citée, Pixerécourt dit :

" Le public pensera sans doute comme moi qu'il eût été complètement ridicule de prêter notre langage à des hommes qui voient, pour la première fois, des

[1] *The Life of Columbus*, by Washington Irving, ch. 2, 1828.

Européens. J'ai donc donné aux habitants de l'île Guanahani l'idiome des Antilles, que j'ai puisé dans le *Dictionnaire Caraïbe* composé par le R. P. Raymond Breton et imprimé à Auxerre. On trouvera dans la pièce l'explication de tous ces mots dont j'ai cru devoir user néanmoins avec sobriété. "

Nous citons une de ces scènes :

Le serviteur de Colomb, Inigo, paysan portugais, aperçoit les huttes des sauvages :

Inigo. — Y paraît qu'c'est là dedans que s'nichent les habitants d'l'endroit. J'sis curieux d'savoir comment qu'c'est fabriqué ces huttes. Y faut que j'profitions de l'instant où c'qu'y gnia parsonne dedans ; nos gens y ont regardé tout à l'heure. Ça doit être drôle tout plein ? Quoi qu'ça, ces feuilles... quand il pleut... j'naimerions pas ça...

> (*Il ouvre la première cabane à droite ; Kérébec en sort*).

Inigo (*effrayé*). — Ah ! mon Dieu, quelle vilaine figure.

> (*Kérébec, avançant à mesure qu'Inigo recule et lui tendant les mains.*)

Kérébec. — Kérébec Mabouïca.

Inigo. — Quoi qu'ça veut dire, Rébéca bouyer !

> (*Et se retournant pour fuir, il se trouve nez à nez avec Oranko*).

Oranko (*le frappant sur l'épaule*). — Catabou.

Inigo. — Encore un autre. Ça ne finira pas !

> (*En voulant éviter Oranko, il rencontre un troisième sauvage à droite*).

Un sauvage. — Kata boyen tibouyète.

Inigo. — Triboulette, Queu baragouin !

Oranko. — Cate biti !

Inigo. — Où diable m'ai-je fourré !

Le sauvage. — Allia rabia taboû.[1]

Inigo. — J'n'ons pas une goutte de sang dans les veines.

Oranko. — Catabou ibanoualé ?[2]

Inigo. — I'm prennont peut-être pour un ennemi, j'vas leur dire qu'non.

(*Il fait un signe de tête*).

Oranko et les sauvages (*en colère*). — Oua.[3]

Inigo. — Y's'fâchont. J'm'ai trompé, je leur dirai toujours oui à présent.

Oranko. — Meera Katibanao.[4]

Inigo (*faisant un signe de tête*). — Oui, oui.

Un sauvage. — Nioüèbenali ![5]

Inigo. — Ça les fâche encore !

Kérébec. — Acharamouni...[6]

M. Ferdinand Brunetière[7] et M. J. Marsan[8] se

[1] Nous donnons ce qui est selon Pixerécourt la traduction de ces phrases : *Maboulca*, Salue toi. *Kata boyen tibouyète*, Qui t'amène ici ? *Kérébec Maboulca*, Kérébec salue toi. *Cate biti*, Comment t'appelles-tu ? *Catabou*, Qui es-tu ? *Allia rabia taboû* : Où demeures-tu ?

[2] *Catabou ibanoualé*. Es-tu notre ami ?

[3] *Oua*, non.

[4] *Meera Katibanao*, te moques-tu de nous ?

[5] *Nioüèbenali*, Vengeance.

[6] *Acharamouni*, Massacrons-le.

[7] *Epoques du Théâtre français*, par F. Brunetière, p. 346, Paris, 1906.

[8] *Le mélodrame de G. de Pixerécourt* "Revue d'Histoire littéraire de la France", 15 avril 1900.

sont beaucoup moqués de Pixerécourt à propos de ces scènes de *Christophe Colomb*, disant qu'il était tout à fait absurde de faire parler à des sauvages une langue inintelligible aux spectateurs. Cependant ces scènes en idiome caraïbe n'étaient-elles pas destinées à apporter un élément comique dans l'action et en les lisant à haute voix ne voit-on pas que l'effet produit sur la scène a dû être très grotesque ? Pixerécourt se connaissait trop en effets théâtraux pour introduire dans ses pièces des passages ennuyeux. Evidemment, il aurait pu inventer n'importe quel baragouin qui eût suffi à amuser les spectateurs, mais il a préféré se servir d'une langue véritable, et nous n'avons à lui reprocher ici qu'un orgueil un peu enfantin.

C'est encore dans son *Robinson Crusoë* que Pixerécourt veut faire de la couleur locale. Nous y trouvons à la suite de la liste des personnages une note où il dit : " *Iglou, Vendredi et les autres Caraïbes ne sont pas noirs mais seulement olivâtres ou légèrement basanés. Cette observation est importante, et je désire que l'on y ait égard partout où l'on montera la pièce.*"[1] Selon Geoffroy, Dugrand était parfait dans le rôle de Robinson ; son costume était une copie fidèle des estampes qui représentent ce fameux solitaire. Avec son grand bonnet, son habit de peau de chèvre, son parasol, tout l'attirail de ses armes, il était Robinson en personne.

Pixerécourt ne fait pas parler à ses Caraïbes leur

[1] *Théâtre choisi*, t. II, p. 188.

dialecte comme dans *Cristophe Colomb*. Vendredi parle petit-nègre :

Vendredi. — " Oh ! tant mieux ! Car moi bien chagrin quand toi commander de tuer pauvre petit ; la mère suivre moi avec un air si triste que moi pas trouver courage pour t'obéir, laisser pour lors petit chevreau avec la mère, tous deux bien contents, se caresser, bondir, sauter et retourner avec la famille. Moi d'abord sauter aussi en voyant leur joie, puis après pleurer parce que moi penser à pauvre père à Vendredi qui peut-être jamais plus revoir son enfant."

Iglou, le père de Vendredi, parle un français des plus purs. Il tient cependant à expliquer ce fait remarquable :

"Quelques relations de commerce", dit-il à Robinson, "entre ceux de ma nation et les colons de la Trinité, m'ont mis à même de connaître et de pratiquer quelques-uns des usages d'Europe ; c'est pour cela qu'ils m'ont nommé leur chef."

Il y a dans la pièce un autre sauvage qui parle très bien le français, mais il est malheureusement tué avant d'avoir pu expliquer comment il a acquis une connaissance si parfaite de cette langue.

Dans une note du premier acte (Scène V) Pixerécourt dit encore :

" On trouvera dans l'ouvrage du P. Laffitau, intitulé : *Mœurs des sauvages américains*, 2 vol. in-4°, fig. des détails très circonstanciés et du plus grand intérêt sur la danse et les jeux des Caraïbes, lorsqu'ils mettent

____
[1] *Robinson Crusoë*, Acte I, sc. II.

à mort un prisonnier, de même que sur la danse du calumet que je place à la fin du troisième acte ".

Et dans une notice sous le titre *Décors et Costumes* de *Charles le Téméraire :*

" Les costumes sont, pour les Bourguignons, des armures complètes, en fer. Les Lorrains sont vêtus en chevaliers, avec une croix de Lorraine devant et derrière. Les Bourguignons portent une croix de saint André sur la cuirasse ".

Ces exemples doivent suffire. Ce que Pixerécourt a fait n'était pas de la couleur locale dans le sens que lui donne Victor Hugo dans sa *Préface de Cromwell* où il dit : " Ce n'est point à la surface du drame que doit être la couleur locale, mais au fond, dans le cœur même de l'œuvre, d'où elle se répand au dehors, d'elle-même, naturellement, également et pour ainsi parler dans tous les coins du drame, comme la sève qui monte de la racine à la dernière feuille de l'arbre ". [1]

Avant de quitter ce sujet nous tenons à reproduire un document qui nous permet de voir de quelle façon Pixerécourt préparait la couleur locale de ses pièces. Ce sont le plan et les notes copiées sur le manuscrit autographe du *Précipice ou Les Forges de Norwège* que possède M. André Virely :

PLAN ET NOTES SUR LE PRÉCIPICE
OU LES FORGES DE NORWÈGE

Il y a beaucoup de mines exploitées par des particuliers.

[1] *La Préface de Cromwell,* éd. M. Souriau, p. 266, Paris, 1897.

Le chêne, l'orme, le tilleul, le bouleau surtout viennent au sud des montagnes.

(Suivent les noms des personnages de la pièce).

Extrait du voyage de Matterof, traducteur du voyage de William Lord Coré au Nord de l'Europe.

Frederichstadt près de là est une grande cataracte.

Konsberg est préférable. Cette ville est bâtie dans le pays le plus sauvage orné de tous côtés par des montagnes stériles, dont les sommets sont presque toujours couverts de neige. Près de cette ville est une mine d'argent exploitée pour le compte du roi de Danemark qui emploie 5 ou 6.000 ouvriers. On compte par rix-dollars qui valent un peu plus de 4 livres de France. Ce sont les Norwégiens qui sous le nom de Normands ont été longtemps la terreur des pays maritimes de l'Europe jusqu'au 9ᵉ siècle.

Robert le Conquérant, premier duc de Normandie, était si grand qu'aucun cheval ne pouvait lui servir. La nécessité où il était d'aller toujours à pied le faisait surnommer le Piéton.

Il y a en Norwège deux régiments d'infanterie, celui de Sudenfild et de Nordenfild. L'Académie des Cadets formée par Frédéric IV fournit des officiers à l'armée.

Il y a en outre 12 régiments de milice, dont les soldats ne sont pas toujours sous les armes, mais les officiers ont une paie fixe. Quant aux soldats ils ne reçoivent rien excepté quand ils servent ou font leurs manœuvres annuelles.

Le mot *Alp* a été en usage aux extrémités du Nord pour désigner une haute montagne, et il appartient probablement à la plus ancienne langue qui ait été parlée en Europe.

A l'appui de cette opinion on lit dans Shakespeare, *Otello*, acte II, sc. 6, que " la frêle barque en tous sens agitée monte élancée sur des Alpes des flots ".

Cette expression figurée prouve que le mot Alpe est bien défini par M. Mallet dans son *Voyage en Norwège*.

C'est peut-être dans sa maîtrise de la mise en scène que Pixerécourt a montré le plus d'originalité.

Avant lui on indiquait dans les mélodrames : " Le théâtre représente un lieu sombre et sauvage " ou encore : " Le théâtre représente une forêt ".[1] A ce point de vue Pixerécourt est un inventeur et grâce à lui, dans les théâtres de second ordre la mise en scène a fait des progrès considérables dès le commencement du dix-neuvième siècle. M. Paul Ginisty dans son livre sur " Le Mélodrame " cite un passage tiré de *Lettres sur les différents théâtres de Paris*, (1800) que nous nous permettons de reproduire :

" L'Ambigu monte toutes ses machines de manière à attirer la foule qui se porte avec empressement vers ce théâtre : décorations pittoresques et très bien suivies, costumes frais et parfaitement adaptés aux circonstances, ballets joliment dessinés et exécutés par des danseurs qui valent presque ceux de l'Opéra, évolutions militaires, combats, rien n'est négligé pour satisfaire les spectateurs. "

Pixerécourt nous dit que l'entente de la mise en scène est tout à fait essentielle " pour éviter les écueils

[1] Voir aux pp. 187-188 en note.

si dangereux dans ce métier du théâtre difficile et scabreux ".[1]

Ses critiques les plus sévères, qui lui ont adressé à peu près tous les reproches, sont d'accord pour lui reconnaître ce mérite.

M. Ginisty, dans le livre que nous venons de citer, constate que Pixerécourt a réglé minutieusement les détails de la mise en scène, et qu'il a rompu avec la monotonie en trouvant des plantations neuves. Il avait un goût très vif pour la vérité matérielle, ou ce qui donne au théâtre l'apparence de la vérité.

Pixerécourt, qui ne prenait jamais plus d'une vingtaine de jours et souvent la moitié de ce temps, pour écrire une pièce, mettait un soin infini à perfectionner la mise en scène. Nous trouvons dans la collection de M. Virely des notes et des indications scéniques jetées sur quelques feuilles de papier à sa portée ou sur un coin du manuscrit. Il n'épargnait aucun effort pour obtenir la réalisation de ses effets scéniques. Cela explique sans doute une grande partie de son succès, car le public du mélodrame aimait à être ébloui par la splendeur des décors.

La mise en scène de ses premières pièces est assez simple, mais déjà en 1803 nous trouvons dans les *Mines de Pologne*, au troisième acte, une scène très compliquée. Nous en reproduisons le texte pour en donner une idée :

[1] *Dernières Réflexions de l'Auteur sur le mélodrame*, Paris, 1843, dans le *Théâtre choisi*, t. IV.

" Le théâtre représente une cour du Château de Minski. A gauche un mur qui ferme la scène et dans lequel se trouve au deuxième plan une porte de fer, donnant sur la campagne ; près de cette porte une guérite, dont l'entrée est en face du public. Au quatrième plan, un petit mur à hauteur d'appui qui laisse voir un lac qui baigne le château. A droite, au quatrième plan, une grande tour ayant une fenêtre grillée, à la hauteur de dix ou douze pieds. A l'angle de cette tour, au niveau des créneaux, une grosse poulie attachée à un bras de fer, et à laquelle pendent une corde et un seau. Au sixième plan, un petit pont de bois très léger, jeté sur une pointe du lac et qui traverse obliquement le théâtre. Dans le fond et à perte de vue les monts Krapack couverts de neige, ainsi que le reste de la décoration qui doit représenter un tableau d'hiver au moment où la nature est dépouillée de tous ses agréments. Au bout du pont à droite, un poteau au bas duquel est une barrière qui ferme le pont. Tout près une guérite, dont la face est tournée vers les montagnes, de manière que la sentinelle ne voie point ce qui se passe dans la cour ni au bas du pont. " [1]

Dans le second acte de *Tékéli* qui date aussi de 1803 il y a des décors très compliqués, où une rivière nécessite la dislocation partielle du plancher de la scène. [2]

[1] *Théâtre choisi*, T. I. p. 398.

[2] Comparez ces indications à celles de *Robert, Chef de Brigands* par Lamartellière en 1792 : 1er *acte : le théâtre représente un appartement du château de Moldar, en Franconie. 2e acte : le théâtre représente une forêt épaisse ; dans le fond, d'un côté une plaine, de l'autre des collines. 3e acte : le théâtre repré-*

Pixerécourt était très fier de ses trouvailles, et quelquefois il se plaisait à les décrire dans tous leurs détails techniques. Nous citerons quelques extraits tirés du " Moyen à employer pour les théâtres machinés ".

Cet article se trouve après les jugements des journaux sur la *Fille de l'Exilé*, joué en 1818.[1]

" Pour l'intelligence de l'effet d'inondation, nous allons laisser parler le machiniste lui-même, il sera parfaitement compris de ses confrères.

Le moyen est par de petites cassettes placées en dessous : les âmes passent à travers les trapillons avec un galet à chacune, assemblé dans le bout, passant dans des boîtes ou cassettes plates rapportées derrière les bandes d'eau et placées à la distance des âmes. Dans l'intérieur les âmes doivent avoir au moins 3 pouces 6 lignes de largeur sur 14 lignes d'épaisseur ; le tout empelotté sur un arbre de longueur en observant une dégradation de 8 pouces par plan.

.   .   .   .

A Paris, le théâtre a dix plans ; il y en a six occupés par les eaux, et quatre par les montagnes. On suivra, en province, la même proportion, relativement à la profondeur de chaque théâtre.

.   .   .   .

A la fin de la scène V, pendant la sortie des Tartares, on laisse tomber les fils qui soutiennent les

sente le château de Moldar : d'un côté un jardin magnifique avec des bosquets ; sur le devant un banc de gazon. 4ᵉ acte : le théâtre représente une forêt sombre. 5ᵉ acte : le théâtre représente la même forêt qu'au 4ᵉ acte, mais on voit dans l'enfoncement à gauche une tour isolée.

[1] *Théâtre choisi*, t. iv. pp. 18-19.

bavettes d'eau tranquille, pour laisser voir les bandes d'eau agitée."

Telles étaient les complications que Pixerécourt inventait qu'une au moins de ses pièces en a souffert. En parlant de la mise en scène de *Christophe Colomb* Pixerécourt nous dit que cette pièce n'a obtenu en tout que 117 représentations, uniquement à cause de l'embarras des décorations qui ne permettaient pas de maintenir la pièce tous les jours au répertoire, ni même de la jouer dans toutes les salles. "Il y a, dit-il, tout au plus huit villes en France où le théâtre puisse contenir un vaisseau avec ses mâts, ses voiles, ses accessoires et trente matelots et mousses en mouvement."[1]

La Tête de Mort renferme des effets scéniques vraiment merveilleux si l'on considère que ce mélodrame fut joué il y a plus de quatre-vingts ans. C'est à l'acte III, scène 16 que se trouvent les indications suivantes :

"On entend le bruit du Vésuve augmenter.... Des foudres volcaniques sillonnent l'atmosphère. Arpaya et les bandits reviennent sur leurs pas poursuivis par la lave. Des femmes, des enfants, des vieillards surpris par l'éruption cherchent un abri dans les ruines.... Un torrent de lave se précipite des hauteurs à gauche dans les excavations du fond.... La lave déborde et s'avance dans la grande rue qu'elle inonde. Un arbuste planté près de la tombe est desséché par le torrent

---

[1] *Théâtre choisi*, T. III, p. 312.

embrasé.... Le théâtre est entièrement inondé par cette mer de bitume et de lave. Une pluie de pierres embrasées et transparentes et de cendres tombe de tous côtés.... La couleur rouge dont tous les objets sont frappés, le bruit épouvantable du volcan, les cris, l'agitation... tout concourt à former de cette effroyable convulsion de la nature un tableau horrible et tout à fait digne d'être comparé aux Enfers ".

" (La toile tombe) ".

Pixerécourt pousse quelquefois un peu loin ses indications scéniques.[1] Voici un petit trésor que nous avons trouvé dans la *Fille de l'Exilé* (Acte II, sc. X).

" La montagne se couvre de villageois de tout âge et de tout sexe qui, chassés de leurs habitations, se réfugient sur les hauteurs ".

Enfin dans ses *Dernières Réflexions sur le Mélodrame* (1847) Pixerécourt exprime ainsi ses idées sur l'importance de tout ce qui concerne l'aspect pratique du mélodrame.

" Il faut, dit-il, que l'auteur dramatique mette lui-même sa pièce en scène. Ceci est de la plus haute importance.... Pour connaître le théâtre, il faut savoir gouverner des comédiens, des artistes, étudier le moral et le matériel d'une exploitation de ce genre. C'est une étude fort longue dont très peu d'hommes sont capables ".

---

[1] Et aussi son réalisme. C'est le fameux chien Dragon qui entre en scène dans son *Chien de Montargis* qui a amené la démission de Gœthe comme intendant du théâtre de Weimar. Voir à la page 239.

CHAPITRE VI

LA TECHNIQUE DE PIXERÉCOURT

Pixerécourt et le public pour lequel il écrivait. Son mélodrame est un drame de situations. Il sait bien mener une intrigue. Il veut conserver les unités. Sa technique. Il ne cache rien à ses auditeurs. Surprises et reconnaissances. La ' voix du sang '. Autres effets mélodramatiques. Rien de profond ni de subtil. Il ne se soucie guère des caractères. Quelques exceptions. Il aime à introduire des malades et des infirmes. Le comique de Pixerécourt. On l'a trop sévèrement jugé. Variété des personnages comiques. Il s'en dispense quelquefois. Citations du *Traité du Mélodrame*. Le style de Pixerécourt. Quelques exemples. La sensibilité. Nodier défend son style contre ses détracteurs. La part de Pixerécourt dans la réprésentation de ses pièces.

On raconte que Pixerécourt répondant un jour à un ami qui plaisantait le style de ses pièces, lui dit : " J'écris pour ceux qui ne savent pas lire ".[1] En examinant l'œuvre de Pixerécourt au point de vue de sa technique il faut toujours se rappeler qu'il écrivait pour un public spécial et non lettré. Il comprenait à merveille que ce public ne tenait pas à voir sur la scène des types faits à son image, qu'il aimait surtout le style noble (ou qu'il croyait tel), et qu'il se délectait à des situations terribles, attendrissantes ou comiques — en un mot qu'il voulait frémir, pleurer ou rire.

[1] Voir *Les Mémoires d'un Vaudevilliste*, par A. de Rochefort, à l'article ' Pixerécourt '.

C'est pour cela que le mélodrame de Pixerécourt
est en général un drame à situations surprenantes où
se débattent des personnages sortant un peu de la vie
ordinaire. Son art consiste principalement à imaginer
des situations et des coups du théâtre saisissants, et à
soutenir entre temps l'attention de son auditoire par
des ballets et l'apparition du niais. Avec son imagination féconde, sa connaissance de tout ce qui est
" théâtre ", son don de mouvement et son sens inné
de ce qui convient à la foule, Pixerécourt est un
véritable maître dans son art.

Personne n'a su mieux que lui mener une intrigue.
Il ne les inventait pas. Il prenait son bien où il le
trouvait. Mais il ne se contentait jamais d'employer
une intrigue telle quelle. Il se délectait à créer des
complications inédites et des personnages nouveaux.
Il avait l'art d'enrichir les idées d'autrui et de frapper
l'attention même avec un sujet dont le fond était fami-
lier à son auditoire. Les invraisemblances qu'il mettait
si habilement en œuvre devenaient vraisemblables.
Son imagination fertile trouvait à chaque instant les
combinaisons les plus imprévues. "Quelle imagination,
si vive et si extravagante qu'elle fût, pourrait se figurer
seulement la dixième partie des inventions extraordinaires que M. de Pixerécourt vient de prodiguer
comme en se jouant et dont nous sommes encore
émerveillés! " a dit un de ses critiques contemporains.[1]

Tous les critiques accordaient à Pixerécourt ce don

[1] Article sur *la Citerne*. Journal de Paris, 14 janvier 1809.

de conduire l'intrigue la plus enchevêtrée avec une verve, une précision, un art remarquables. On dirait souvent que Pixerécourt s'est acharné à compliquer l'intrigue le plus possible, pour pouvoir montrer avec quelle facilité il savait la mener à bonne fin.[1]

Malgré cette complication de l'intrigue, Pixerécourt a réussi tant bien que mal à conserver les unités de temps et d'action. Dans ses *Dernières réflexions sur le Mélodrame* il s'en vante : " Si j'en excepte, dit-il, *Charles le Téméraire* et *la Fille de l'Exilé*, j'ai respecté dans mes drames les trois unités autant qu'il m'a été possible. J'ai toujours pensé qu'il fallait unité complète dans le travail complet d'une œuvre dramatique. Mais c'est seulement dans la tragédie et dans la comédie à caractère, que toutes trois sont scrupuleusement observées. Dans la comédie d'intrigue, dans le drame et dans l'opéra comique, on se contente en général des deux unités d'action et de temps. Celle du lieu est triste et monotone, et presque toujours invraisemblable : on s'en est abstenu depuis longtemps. Sedaine se contentait des deux premières, et je n'ai jamais eu la prétention de faire mieux que lui ; je n'ai voulu jamais que l'imiter ".

Dès le début Pixerécourt met son public dans ses confidences. Il ne le laisse pas un instant perplexe. L'exposition commence dès la première scène par une conversation ou par un monologue qui apprend

---

[1] Voir par exemple au Chapitre IV l'analyse de *la Tête de Mort* et du *Fanal de Messine*.

aux auditeurs ce qu'ils doivent savoir. C'est un trait caractéristique de son mélodrame que cette façon de ne rien cacher aux auditeurs. Ils savent que le traître fera tout son possible pour persécuter une innocente victime, et que le héros, aidé par le niais, viendra, après mille péripéties, la secourir au dernier acte. Les surprises, les reconnaissances ne sont telles que pour les personnages du mélodrame. L'auditoire est au courant de tout et, par conséquent, n'a pas à se torturer l'esprit en essayant de deviner ce qui va se passer. Il peut donc se donner tout à ses émotions diverses sans avoir à s'inquiéter d'autre chose. Cela s'applique à tous les mélodrames de Pixerécourt, qui veut avant tout que son auditoire ressente des émotions. Il ne lui demande jamais de penser, de réfléchir. Pixerécourt est toujours clair.

En général dans les deux premiers actes de ses pièces, il se contente d'intéresser par des déguisements et des combats, par les souffrances de l'héroïne et les persécutions du traître, ou encore par la splendeur du décor et des ballets, et la complication de l'intrigue. Les surprises et les reconnaissances ne viennent le plus souvent qu'au dénouement. Encore une fois il faut se rappeler, en jugeant ses dénouements, que Pixeré-court s'adressait à un public tout prêt à se laisser convaincre. Les surprises consistent d'habitude en l'arrivée de secours imprévus comme dans *Robinson Crusoë* et dans le *Fanal de Messine*. On est porté à se demander, malgré toute la bonne volonté du monde, pourquoi le secours est venu à ce moment précis et non deux minutes ou deux heures plus tard ou plus tôt. Il n'y a ni une grande logique, ni beaucoup d'habileté dans sa façon de ménager les surprises. C'est dans ses dénouements surtout que notre auteur a recours au " génie de la reconnaissance ". Ajoutons que la voix du sang joue un grand rôle dans son théâtre. Ainsi il y a dans *Cælina* un notable habitant de Sallenche, M. Dufour, qui a recueilli un malheureux muet, Francisque Humbert. La nièce de M. Dufour, Cœlina, s'intéresse à Francisque et lui prodigue les soins les plus charitables. Elle apprendra bientôt que cet Humbert est son père.

Dans le *Pèlerin Blanc*, le Comte de Castelli a été dépouillé de ses biens et séparé de ses enfants par les intrigues d'une mégère qui s'est emparée de son château et qui le croit mort. Il parvient sous un travestissement à rentrer dans son château comme domestique. Deux orphelins arrivent dans le village. Le complice de la mégère apprend, par des papiers que ces enfants portent dans leur sac, qu'ils sont les fils du Comte de Castelli. La mort des pauvres enfants est décidée. On les enferme dans une tour. Mais le comte travesti veille sur les enfants, il les délivre de leur cachot. La voix du sang ne l'avait pas trompé. Ce sont ses propres enfants qu'il a sauvés.

C'est encore dans *Pizarre*, dans les *Mines de Pologne*, dans les *Maures d'Espagne*, dans les *Ruines de Babylone*, et dans le *Monastère abandonné* (pour ne mentionner

que les mélodrames les plus importants à ce point de
vue) que parle la voix du sang.

Mais il y a d'autres effets mélodramatiques que
Pixerécourt a su trouver et employer et qui ont eu
une part dans le succès de ses pièces. M. Marsan
dans son article sur Pixerécourt [1] remarque avec
beaucoup de justesse que Pixerécourt a le secret des
gestes expressifs :

" Gestes simples, gestes nobles et gestes furieux ;
gestes à faire pleurer — la victime opprimée tendant
les bras au ciel : — gestes à faire frémir : — Lord
Lindesay broyant de son gantelet de fer le poignet de
Marie Stuart [2]: — le geste dit tant de chose à si peu de
frais.... Il trouve la formule qui résume une situation :
" Sous le nom de Vivaldi je puis échapper au décret
qui proscrit ma tête, sous le nom d'Edgar, je suis en
butte au poignard des conjurés, et enfin sous celui
d'Abélino je m'expose à une mort infamante *(avec
enthousiasme)*. Mais qu'importe la mort à qui peut
s'immortaliser ! " [3] Il connaît les principes essentiels :
un revirement doit être inattendu, et le bandit Carl,
ennemi féroce de la reine se jette à ses pieds quand il
la voit à sa merci ". [4]

Les éléments de la technique de Pixerécourt sont
tous de surface. Ils se révèlent par une lecture même
superficielle de ses mélodrames. Si nous voulons
chercher dans son œuvre quelque chose de plus subtil,

[1] Voir à la Bibliographie.
[2] *L'Evasion de Marie Stuart* (I. 9.)
[3] *L'Homme à trois visages* (I. 3.)
[4] *Marguerite d'Anjou* (II. 8.)

de plus profond, nos efforts sont à peu près vains. M. Marsan[1] a très bien dit que le mélodrame ne se soucie pas des caractères ; cela c'est affaire aux genres nobles. Il ne veut que des personnages aux traits nettement définis. Rien n'est plus simple que l'humanité telle que la conçoit Pixerécourt ; il y règne un ordre admirable. Des héros d'un côté, des misérables de l'autre, et, comme il importe que l'on s'y reconnaisse vite, sur la physionomie des premiers l'image de toutes les vertus, aux seconds des traits repoussants. Les uns et les autres se côtoient, se heurtent, se combattent sans se mêler ; les bons n'ont jamais un sentiment vil ou seulement médiocre ; quant aux méchants, si parfois la morale l'exige, ils deviennent bons, ils se convertissent d'un seul coup, et totalement.

Peut-être M. Marsan va-t-il un peu trop loin en disant que les caractères n'existent pas pour Pixerécourt. Il a fait dans quelques-unes de ses pièces des efforts plus ou moins heureux pour dessiner des caractères, notamment dans les personnages de Cœlina, de Valentine et de Marie Stuart.

D'ailleurs, Pixerécourt prenait la plupart de ses caractères aux sources auxquelles il empruntait ses intrigues. D'habitude, il les prenait tels quels et n'essayait pas de les modifier. Mais il est des cas où comme dans le *Fanal de Messine* il adoucit et tempère ce qu'il trouve dans sa source.[2]

[1] Op. cit.
[2] Voir au Chapitre IV.

Il est d'autres cas où Pixerécourt renforce les personnages qu'il emprunte pour leur donner plus d'intérêt, plus de noblesse qu'ils n'en avaient. C'est ce qu'il a fait dans la *Tête de Mort*.[1] La curiosité fiévreuse que Godwin attribue à Caleb semble avoir choqué Pixerécourt, car afin de justifier les actes de Carlo, il lui donne un motif plausible et même louable qui explique sa façon d'agir. Il fait de lui une des victimes de Falkland, brûlant de venger la mort de son père. D'ailleurs le Caleb de Godwin manque entièrement de dignité et d'amour-propre. Quand enfin il se décide à quitter le tyran qui l'opprime, il le fait d'une façon très équivoque. Le Carlo de Pixerécourt est un jeune homme généreux, magnanime et sympathique qui n'aurait jamais supporté une seule des injures dont Falkland accable Caleb dans le roman de Godwin.

Dans certaines occasions, très rares d'ailleurs, Pixerécourt réussit à esquisser un portrait assez vivant du caractère qu'il veut mettre en scène. Dans l'*Evasion de Marie Stuart*, il a mis dans le caractère de Marie Stuart quelque chose de la grâce qu'il a trouvée dans le roman de Walter Scott. Il a su conserver le charme, le caractère impulsif, la personnalité attrayante de cette héroïne si gracieuse, si infortunée. Son Christophe Colomb est un personnage assez heureusement composé. Dans son *Robinson Crusoë*, il a su imiter le style tant soit peu emphatique et sentimental du héros de

[1] Voir au Chapitre IV.

Defoë. Le passage suivant aurait pu être écrit par Defoë lui-même :

ROBINSON. — Vous le voyez, mes amis, dans quelque situation que l'homme soit placé, quelque revers qu'il éprouve, il peut se suffire à lui-même ; échappé seul à la faveur des flots, le désir de conserver ma vie a déployé les ressorts de mon imagination : dominé dès ma jeunesse par la passion des voyages, j'avais contracté l'habitude de l'oisiveté ; malgré les conseils de mon père j'avais négligé d'acquérir la plus légère notion des arts mécaniques, mais à peine jeté dans ce désert, sans secours et sans espoir d'en obtenir peut-être jamais, l'impérieuse loi de la nécessité s'est fait sentir.... Je reconnaissais trop tard, dans tout ce qui m'arrivait, la main invisible d'un Dieu qui m'infligeait ce cruel châtiment pour me punir d'avoir par une coupable obstination abrégé les jours du plus respectable et du meilleur des pères ". (Acte II, Sc. I.)

Pixerécourt d'ailleurs se plaît beaucoup à introduire dans ses pièces des personnages qui souffrent de quelque maladie, de quelque infirmité. Nous citerons Francisque, le muet de *Cœlina*, et Dufour, " vieillard goutteux et infirme " dans la même pièce : Werner, " père d'Eliza, sous le nom de Maurice, vieillard aveugle " dans la *Femme à deux Maris* ; Philippe "vieux sergent, borgne", dans la *Forteresse du Danube* ; Eloi, " commissionnaire muet " dans le *Chien de Montargis* ; Albert, " vieil invalide aveugle " dans *Valentine ou la Séduction* ; et enfin Dalègre qui perd la raison au dernier acte de *Latude*.

Il est évident que Pixerécourt considérait que les personnages de ce genre sont propres au mélodrame ; que les aveugles, les muets, les fous excitent la curiosité et la pitié des auditeurs, et offrent d'ailleurs l'occasion de situations pathétiques et frappantes.

Si M. Marsan nous semble sévère quand il parle des caractères de Pixerécourt, peut-être ne l'est-il pas moins quand, en parlant du comique de ses mélodrames, il écrit :

" Pixerécourt a renoncé à fondre gaîté et tristesse dans une sorte d'attendrissement souriant comme l'avait rêvé Sedaine ; il les a le premier opposés violemment. Il est vrai que son comique est de qualité vulgaire ; il s'en tient pour l'ordinaire à des valets poltrons ou à des Gascons bavards, mais au moins une fois dans son *Picaros* au nom expressif, il a esquissé une figure assez savoureuse de bandit à la manière romantique ". [1]

Il nous semble que M. Marsan s'est placé, en jugeant Pixerécourt, au point de vue du lecteur et non pas au point de vue du spectateur. Il est admis que l'une des choses qui portent le moins à rire, c'est la lecture du comique théâtral. Même pour les plus grands auteurs comiques, Aristophane, Shakespeare, Molière, la représentation seule permet de bien les apprécier. A la lecture, la partie comique des mélodrames de Pixerécourt nous paraît le plus souvent d'une banalité et d'une stupidité insupportables.

[1] Op. cit.

Mais il faut s'entendre. Pixerécourt, nous venons de le dire, savait à fond ce qu'il fallait faire pour plaire au public qui fréquentait son théâtre. Il est donc plus que probable que les scènes comiques de son œuvre, qui servaient à mettre en relief la noirceur de l'action principale de ses mélodrames, bien jouées par des acteurs de premier ordre suffisaient grandement à provoquer le rire d'un public tout prêt à se laisser convaincre.

C'est Pixerécourt qui a inventé le comique du mélodrame, et il l'a inventé parce que le public le demandait.

Il n'y a pas d'apparence de comique dans *Victor ou l'Enfant de la Forêt*, (1798). Le comique ou le *niais*, selon le terme consacré, se trouve pour la première fois dans *Cælina*, 1800. C'est lui qui fera surgir le rire au milieu des pleurs. " Le Traître persécutera sa victime, celle-ci souffrira jusqu'au moment où son infortune étant au comble, l'honnête homme arrivera opportunément pour la délivrer et tirer de son ennemi une vengeance exemplaire, assisté du comique qui se rangera traditionnellement du côté des opprimés ". [1] Si nous examinons quels sont les personnages comiques de Pixerécourt, nous verrons qu'ils sont d'un type un peu plus varié que ne le ferait croire l'ouvrage de M. Marsan. Dans *l'Homme à trois Visages*, le célèbre acteur Corsse a joué le rôle comique de Calgagno, " banquier juif et poltron " ; dans la *Femme à deux*

[1] *Le Mélodrame* par Paul Ginisty, Paris, 1910.

Maris, Corsse a joué le rôle du vieux caporal Bataille, le comique de la pièce, qui a surpris le complot et l'a fait échouer ; dans *Tékéli* nous avons deux genres de comiques, Bras de Fer, un domestique, et Urbain, un mari niais ; dans *Robinson Crusoë*, c'est Vendredi qui joue le rôle du niais ; dans *l'Ange tutélaire*, c'est Diabolo, bandit subalterne ; dans *la Citerne*, c'est le fameux Picaros "aventurier" cité par M. Marsan ; dans *Marguerite d'Anjou* c'est Michel Morin, "chirurgien gascon" et enfin dans *Christophe Colomb*, ce sont Inigo, un paysan portugais, et les sauvages habitant l'île de Guanahani qui fournissent l'élément comique.

Pixerécourt a écrit parfois des mélodrames sans y introduire l'élément comique, mais le résultat ne fut pas à son avantage. *Les Maures d'Espagne*, pièce tout à fait sérieuse, n'a pu compter, tant à Paris qu'en province, que 200 représentations. [1]

Il s'est aussi dispensé du comique dans *Charles le Téméraire*, et cette fois avec plus de succès, car la pièce eut 421 représentations. Voici d'ailleurs ce qu'en dit Dusaulchoy dans le *Journal des Arts*, 31 octobre 1814 :

" Le mélodrame sans niais, sans ballets et sans amour : voilà à coup sûr un tour de force auquel on ne s'attendait pas aux Boulevards. Il n'appartient qu'à un auteur qui compte ses succès par ses ouvrages, et qui a reculé les bornes du mélodrame, d'opérer un pareil prodige ".

[1] Voir au *Théâtre choisi*. T. II. p. 15.

Nous devons ajouter que cet élément comique était presque toujours de l'invention de Pixerécourt. Il ne doit rien à ses sources sauf pour le *Château de Loch-Leven*, où il emprunte à Scott le caractère du Dr Luc Lundin. Mais ce personnage, admirablement conçu et dépeint par Scott, devient entre les mains de Pixerécourt un véritable travestissement de son prototype.

Pour accentuer l'effet comique, Pixerécourt fait parler à ses niais un jargon étranger et qui revient à chaque instant dans la plupart de ses pièces :

Leonard. — Oui, y disont com'ça, qu'c'est un' p'tit maison. Faut croire qu'il en a un'autr' plus grande ; car c'est vrai qu'y n'demeure pas ici. Y n'vient que d'temps en temps pour s'divartir ; et pis d'ailleurs, t'nez, pour vous parler ben au juste, j'neu savons rien : parce que, voyez-vous, c'est Madame Germain, la concierge de c'te maison qui m'a t'engagé... et d'fait, ça, y faut qu' je l'dise, je m'en repentons pas. A ça près de c'qu'all a fait hier, c'est une bonne femme qu'madame Germain, j'n'avons pas eu un mot plus haut qu'l'autre de d'puis que j'sommes ensemble ". [1]

On a vivement attaqué ce comique artificiel. Ainsi le *Traité du Mélodrame*[2] que nous avons déjà mentionné fut écrit pour tourner en dérision le mélodrame. Il contient des chapitres sur le tyran, le niais, l'innocence persécutée, les abîmes, le remords, la musique, le style, etc.... Au chapitre intitulé " Du niais " on lit :

[1] *Valentine ou la Séduction.* Acte I. Sc. I.
[2] Voir au chapitre II. p. 49.

" Un niais est aussi nécessaire au mélodrame qu'un tyran est indispensable. Tous les rhéteurs ont reconnu que l'imitation plus ou moins parfaite de la nature rend un ouvrage plus ou moins parfait. Une autre vérité si généralement reconnue qu'elle pourrait passer pour un axiome, c'est que la nature est bien plus féconde en niais qu'en héros. Or donc, nous mettons en fait, et nous articulons que dans un Mélodrame, miroir fidèle du monde, il faut des niais et des héros. Nous avancerons un autre principe également reconnu : les plus grandes beautés naissent des contrastes. Ergo, plus un niais sera niais, plus un héros sera héros ; ce qui paraît n'avoir pas été assez senti des premiers mélodramaturges ".

" L'ignorance, la bêtise et l'orgueil, voilà le tempérament du niais ; quolibets, calembourgs, pointes, jurons, naïvetés, voilà les éléments de sa conversation. Quand il est seul, il doit être gourmand et poltron, quand il n'est pas seul il ne mange pas, il est philosophe et partant bavard. Il relèvera tous les calembourgs que peuvent fournir les discours du tyran ; il fera des pointes sur chaque phrase de sentiment, et répondra par une bêtise à toutes les questions. Pour donner de l'énergie à sa diction, il la piquera de quelques petits jurons anodins, tels que *mille bombes !* s'il est militaire, et *sapejeu !* s'il ne l'est pas. Le *goddem* anglais doit être banni de la scène française ; laissons à Dieu le soin de damner nos voisins d'outre-mer, ne ne les imitons pas ".

Le style de Pixerécourt lui a souvent attiré les critiques les plus acharnées. On l'a attaqué à ce sujet de son vivant dans plusieurs articles, et dans le *Traité du Mélodrame* il est tout un grand chapitre, sans doute dirigé contre Pixerécourt de ses confrères, qui traite du style du mélodrame :

" Jusqu'ici l'on a été dans l'usage de diviser le style en style *simple, fleuri* et *sublime.* Cette division qui peut convenir aux autres genres d'écrire, ne convient nullement au Mélodrame ; car tout y doit être sublime, jusqu'au style du niais.

Mais ce sublime se modifie en raison des personnages : de là vient que nous le distinguons en trois sortes, savoir : le style *naïf,* le style *tempéré* et le style *mystérieux.*

Le style *naïf* est la nature réduite à sa plus simple expression.... De là lui vient nous ne savons quelle grâce qu'on ne pourrait définir.

Ainsi nous aimons que le bon Mimiski s'écrie en entrant dans un vaisseau : *Ah ! Dieu ! C'est-y-beau ! c'est-y-beau ! Quoi ! Ce n'est ni plus ni moins qu'une maison véritable.*

Cette naïve exclamation plaît au spectateur... d'abord parce qu'elle est naturelle, et ensuite parce qu'elle flatte son amour-propre, en lui montrant dans autrui une ignorance plus profonde que la sienne : car on aime toujours à rencontrer un plus niais que soi. A cet égard, M. Pixerécourt n'a laissé rien à désirer.... Enfin nous arrivons au style *mystérieux....* Tout ce qu'il y a de pathétique de gigantesque, de démesuré ; tout ce qu'il y a de points d'exclamation, d'admiration, d'interrogation... tout ce qu'il y a d'obscur, de ténébreux, d'incompréhensible, d'inintelligible... voilà le style mystérieux, c'est la nuit du mélodrame...

Eh ! qui ne s'est récrié d'extase, en entendant les merveilleuses phrases que nous allons citer pour exemples ?

" *Il y a là-dessous quelque secret mystère !!! Barbare, tu me destinais le poignard du crime, meurs par le poignard de la vengeance !* Image sublime !

L'oreiller du remords est rembourré d'épines. Quel trait piquant ! " [1]

Ces critiques ne sont pas toujours sans fondement ; qu'on en juge :

VIVALDI. — Si huit années d'exil et de malheur ont pu changer mes traits au point de me rendre méconnaissable, au moins mon cœur est-il toujours le même. Je n'ai point oublié vos services ni la constante amitié que vous avez témoignée à une famille infortunée.

ALFIERI. — Est-il possible ! vous seriez ?

VIVALDI. — Je sens au battement de votre cœur que vous m'avez deviné. Oui, vertueux vieillard, je suis le fils du comte Vivaldi.

ALFIERI. — Chut ! malheureux ! avez-vous oublié qu'ici tout est espion ou délateur ? Que les murs même sont les témoins indiscrets des actions les plus innocentes ? *(Il va voir si personne n'écoute ; puis il revient vivement vers Vivaldi, et lui tend les bras.)* Maintenant viens sur mon cœur ! Le Ciel a enfin exaucé ma prière, et je ne mourrai pas sans avoir pressé sur mon sein le dernier rejeton de cette famille illustre et malheureuse.

---

[1] Nous n'avons pas trouvé ces passages même dans l'œuvre de Pixerécourt, mais elle contient beaucoup de phrases qui sont tout aussi exagérées que celles-ci.

Hélas ! Pourquoi faut-il que des moments aussi doux soient empoisonnés par la crainte de te perdre ! car tu n'ignores pas..... ·

VIVALDI. — Je sais que ma tête est mise à prix, et que je paierais de mes jours ma témérité, si l'on découvrait que je fusse à Venise. (*L'Homme à trois Visages*, Acte I. Sc. II.)

Encore un passage, cette fois un monologue de la même pièce.

ORSANO. — (à lui-même) Courage, Orsano ! l'instant décisif approche, et tout semble me promettre le plus heureux succès. Ingrate Rosemonde ! tu connaitras bientôt ce que peut l'amour outragé. Depuis huit ans, mon cœur, ulcéré par tes cruels dédains, ne connaît, ne conserve plus qu'un seul sentiment, celui de la vengeance ! Ce n'est point assez pour moi de t'avoir frappée dans l'objet de ton amour : ta mort et celle de ton père peuvent seules assouvir ma haine, et vous mourrez tous deux. C'est pour parvenir à ce but ardemment désiré que, sous le prétexte d'une réformation utile à l'état, et à l'aide d'une considération acquise par quelques actions d'éclat, j'ai su me former un parti de tout ce que Venise renferme de mécontents : j'ai séduit les ambitieux par l'appât des honneurs, j'ai promis de l'or à nos jeunes sybarites ; j'ai su étendre mes intelligences jusqu'au sein du sénat et du Conseil des Dix. Tout est disposé, l'orage s'apprête, demain la foudre éclate : elle anéantit mes victimes et je suis vengé ! (Acte I. Scène VIII). [1]

---

[1] Ce passage pourrait très bien servir d'illustration à ce que nous avons dit plus haut de la façon dont les personnages du mélodrame mettent tout de suite leurs auditeurs dans leurs confidences.

Ces deux exemples pris au hasard nous montrent assez bien ce qu'était généralement le style de Pixerécourt. Les endroits sont fort rares où il fait parler ses personnages sur un ton naturel. Mais Pixerécourt n'a pas inventé cette façon absurde et fausse de parler. C'était de son temps. Mercier avant lui avait créé le genre. Il a épaissi et vulgarisé le langage de Jean Jacques Rousseau. Puis il a mélangé à cette philosophie une " sensibilité " fort à la mode, qui paraissait alors. distinguée et délicieuse. Cette sensibilité s'interprêtait par la " noblesse du style ", en autres termes par une phraséologie emphatique, incolore, fade et niaise. Nous voyons ses personnages s'appeler couramment " homme sensible ", " créature vertueuse ", " noble épouse ", " respectable vieillard ". Dans tout cela Pixerécourt n'a fait qu'imiter Mercier et il s'est soumis à le mode qui régnait alors. Voici quelques-uns de ces clichés tirés seulement de la *Femme à deux Maris* : " femme admirable ", " femme vertueuse ", " monstre inhumain ", " respectable vieillard ", " vil séducteur ", " homme adroit ", " bon jeune homme ", etc... etc...

Nodier qui professait une grande admiration pour Pixerécourt a voulu répondre aux critiques de son style :

" Le style du mélodrame, a-t-on dit, est une innovation dangereuse dans la langue. Il est tendu, affecté, *périphrasier*, maniéré dans ses tours, exagéré dans ses images..... Je veux bien accepter cette proposition dans toute sa rigueur. Je n'insisterai pas même sur les services que M. de Pixerécourt a rendus à la langue, dont il possède si bien les ressources, en respectant partout sa correction et ses règles dans un genre dont la mode n'a pas consacré, dont la critique ne peut pas justifier toutes les licences..... J'admets encore une fois jusqu'à un certain point, qu'on puisse la rendre solidaire des fautes et des excès de son école, mais il est juste, du moins de rechercher..... les motifs qui ont pu entraîner un si bon esprit à méconnaître plus ou moins souvent, dans ses mélodrames, et bien moins souvent qu'on ne l'imagine, les règles de convenance et de goût qu'il a si scrupuleusement observées dans ses écrits d'un autre genre. "

Puis Nodier explique que l'éducation du peuple sorti de la Révolution ne ressemblait à aucune autre éducation humaine.

" On parlait *faux*, c'était le caractère distinctif de l'époque ".... " Le public n'aimait pas les beautés simples et naturelles ; il aurait regardé ces mots du cœur dont nous faisons tant d'estime, comme un outrage indirect à son intelligence, il aurait réclamé ce qu'il regardait lui, comme de l'éloquence et de la poésie, la phrase rédondante et parée, la phrase gonflée d'épithètes et de figures.... Tel est le goût de la multitude, et ce goût qu'il fallait satisfaire était un écueil de tous les moments pour le talent de l'auteur. Il faut savoir gré à M. de Pixerécourt de l'avoir si souvent évité... Après tout, le style du mélodrame n'est pas aussi répréhensible que le prétendent aujourd'hui des gens qui n'ont jamais eu de style d'aucune espèce. Il a ses excuses, et peut-être ses avantages. Il enveloppe quelquefois la vérité d'ornements superflus, mais il ne la falsifie point ; il la cèle à demi, mais il la contient ; sa forme sentencieuse et quelque peu solennelle a quelque chose d'imposant, qui lui donne un ascendant merveilleux sur l'esprit du vulgaire ; ses tours ambitieux et mystiques semblent commander le respect ; ses figures et ses images frappent l'imagination et se saisissent de la mémoire. " [1]

Il faut en dernier lieu reconnaître la part que Pixerécourt a prise dans la mise en scène de ses pièces. Alexandre Piccini, qui a écrit la plupart des partitions musicales des mélodrames de notre auteur, s'est exprimé dans les termes suivants :

" Il n'était pas seulement l'auteur de ses pièces, mais encore il en dessinait les costumes, donnait le plan de ses décorations, expliquait au machiniste le moyen d'exécuter les mouvements. Scène par scène, il donnait aux acteurs des indications sur leurs rôles. Ses ouvrages eussent beaucoup gagné s'il eût pu remplir tous les personnages ". [2]

Les autres contemporains de Pixerécourt lui accordent le même mérite. C'est par Pixerécourt que tout marchait. Il s'occupait de tout. Pas un détail n'échappait à cet homme autoritaire et minutieux à l'excès. La connaissance qu'il avait de ses acteurs, son énergie infatigable, sa parfaite maîtrise de son métier, toutes ces qualités essentiellement personnelles ont sans aucun doute contribué pour une large part au succès de ses œuvres.

---

[1] Charles Nodier, Préface au *Théâtre choisi,* p. x et suiv.
[2] *Théâtre choisi,* T. II, p. 171.

CHAPITRE VII

LA MORALITÉ DU MÉLODRAME DE PIXERÉCOURT

Les idées de Pixerécourt. Il veut que le mélodrame soit une propagande de la vertu. Nodier loue la moralité du genre. L'opinion de M. Faguet. Celle de M. Ginisty. Les ennemis du mélodrame. M. Brunetière y voit une influence pernicieuse. Ce que le public réclamait. En somme l'influence du mélodrame est bonne. Discussion de ses mérites.

Pixerécourt a écrit ses pièces " avec des idées religieuses et providentielles et des sentiments moraux ".[1] Il a toujours fait choix des sujets qu'il considérait comme moraux, et il y a mis " des sentiments délicats, de la probité, du cœur,... de la sensibilité et la juste récompense de la vertu et la punition du crime ".[1]

En 1832 il écrit dans sa brochure intitulée " Le Mélodrame " :[2]

" On ne peut pas refuser au mélodrame cette justice que c'est lui qui nous retrace le mieux et le plus souvent les sujets nationaux, genre de spectacles qui doit être représenté partout. Il offre à la classe de

---

[1] *Dernières Réflexions sur le Mélodrame,* op. cit.

[2] *Le Mélodrame,* article publié dans " Paris ou le Livre des Cent et Un ". T. VI, pp. 319-352. Paris, 1832.

la nation qui en a le plus besoin de beaux modèles, des actes d'héroïsme, des traits de bravoure et de fidélité. On l'instruit par là à devenir meilleure, en lui montrant, même dans ses plaisirs, de nobles traits peints de nos annales.... Le mélodrame sera toujours un moyen d'instruction pour le peuple, parce qu'au moins ce genre est à sa portée ".

Pixerécourt se plaint que d'autres n'aient pas suivi son exemple et il insiste sur l'immoralité du drame romantique : [1]

" Jadis on choisissait seulement ce qui était bon, mais dans les drames modernes on ne trouve que des crimes monstrueux qui révoltent la morale et la pudeur..... Qu'en est-il résulté ? Que les mères de famille ont déserté le spectacle où les jeunes filles ne pouvaient plus se présenter sans scandale et sans danger..... J'ai vu, pendant plus de trente ans, la France accourir aux représentations multipliées de mes ouvrages : hommes, femmes, enfants, riches et pauvres, tous venaient rire ou pleurer aux mélodrames bien faits. Hélas ce temps est passé ! "

Ainsi Pixerécourt a voulu faire par le mélodrame une sorte de propagande de la vertu. Il voulait rendre les hommes meilleurs. C'est pourquoi il moralisait sans cesse dans ses pièces et d'une façon sincère et convaincue. Etant donné que ses mélodrames furent joués presque tous les soirs, dans plusieurs théâtres de Paris et dans ceux de la plupart des grandes villes de province pendant au moins une trentaine d'années, il

---

[1] *Dernières Réflexions sur le Mélodrame*, op. cit.

est à croire que le nombre considérable de personnes qui ont assisté à ces représentations ont subi jusqu'à un certain degré l'influence d'un genre de spectacle très émouvant.

Selon Charles Nodier, grand admirateur de Pixeré-court, son mélodrame exerça sur le peuple au lende-main de la Révolution une influence considérable :

" Je lui sais moins de gré pourtant, dit-il dans sa préface au *Théâtre Choisi* de Pixerécourt, de ces bril-lantes qualités dramatiques, dont les distributeurs en titre de gloire littéraire auraient dû lui tenir compte avant moi, que du sentiment profond de bienséance et de moralité qui se manifeste dans toutes ses com-positions. C'est que je les ai vues, dans l'absence du culte, suppléer aux instructions de la chaire muette, et porter sous une forme attrayante, qui ne manquait jamais son effet, des leçons graves et profitables dans l'âme des spectateurs. "

Et un peu plus loin :

" Cette puissante action de la comédie populaire, qui était sans exemple depuis les anciens, avait commencé à se révéler sous le Consulat ; elle se prolongea pen-dant toute la durée de l'Empire, et en aucun temps la classe qui la subissait immédiatement n'a été plus régulière dans ses mœurs, jamais les crimes ont été plus rares. Les méchants n'auraient osé se présenter dans un lieu de divertissement où tout les entretenait de remords déchirants et de châtiments inévitables. Un trouble inoubliable les aurait trahis. Je ne sais quel rang la postérité réserve à M. de Pixerécourt parmi les écrivains de son siècle, mais il y a des années que l'Académie française lui doit le prix Monthyon. " [1]

Et enfin en parlant des mélodrames :

" Quant à leur effet sur la morale publique, faut-il répéter que le long espace de temps, embrassé par le *Théâtre* de M. de Pixerécourt, est le plus pur de toute espèce d'attentats dont les registres de nos tribunaux aient conservé le souvenir ? Dirai-je encore une fois que le crime n'a jamais été plus rare surtout dans les classes inférieures ?

..... Il n'est personne dont le sang ne se soit rafraîchi aux conversations touchantes de ces spectateurs mal vêtus, qu'un irrésistible intérêt associait pendant trois heures à toutes les angoisses de l'innocence persécutée, et qui saluait d'un cri de joie unanime la punition du méchant. Il n'est personne qui n'ait pu lire dans son journal ce mot profond d'un témoin en matière criminelle qui racontait qu'on lui avait proposé un crime, et qu'il s'était écrié pour toute réponse : " Malheureux, tu n'es donc jamais allé à la Gaîté ! Tu n'as donc jamais vu représenter une pièce de Pixerécourt ! "

Les louanges de Nodier, qui avait une grande indulgence pour son ami dévoué, nous paraissent

---

[1] En effet, les amis de Pixerécourt ont essayé d'obtenir pour lui ce prix. Mais son œuvre littéraire ne suffisait pas : il fallait qu'il y eût une belle action, et c'est pourquoi on ne l'a pas décerné à Pixerécourt. Cependant en mémoire de son action sociale, Pixerécourt reçut de la Duchesse de Berry une médaille en or de grand module. La Ville de Paris, sous la Restauration, lui offrit également, dans la même intention, un écrin de douze médailles. C'est à titre d'homme de lettres qu'il fut admis dans l'ordre de la légion d'honneur. (Voir à ce sujet *Guilbert de Pixerécourt*, par André Virely. Paris, 1909.)

aujourd'hui un peu exagérées. Voici ce qu'en dit M. Faguet :[1]

"Nodier affirmait même, ce qui est peut-être le résultat d'une statistique, et alors, par ma foi, il faudrait s'incliner, que "les crimes ont été plus rares, en France tant qu'on a joué le " *Chien de Montargis* " et il ajoutait que Pixerécourt avait été à lui seul toute une religion. Je n'exagère point : " Le Théâtre de Pixerécourt en l'absence du culte, a suppléé aux directions de la chaire muette. " Ceci n'est pas tout à fait conforme aux dates, car la première pièce populaire de Pixerécourt est de 1798, et les églises ayant été rouvertes en 1799, Pixerécourt a pu suppléer à l'absence du culte, mais seulement pendant un an ou dix-huit mois, ce qui ne suffit pas pour mesurer la portée de cette suppléance ou de cet intérim. "

Selon M. Paul Ginisty[2] la diminution des crimes pendant les années de triomphe des pièces de Pixerécourt correspondait aux temps de l'Empire ou de sa préparation et la police n'avait jamais auparavant reçu une plus forte organisation, ce qui pouvait, autant que le souvenir des châtiments implacablement distribués à la Gaîté ou à l'Ambigu, inspirer de prudentes réflexions.

Pixerécourt a pour lui la statistique (selon Nodier), les opinions de ses amis et des partisans du mélodrame et ses bonnes intentions. Mais d'autre part on voit qu'il a suscité des ennemis et des critiques qui considéraient son œuvre comme dangereuse au point de

---

[1] *Propos de Théâtre*, 2e série, par E. Faguet. Paris, 1905, (pp. 315-316.)
[2] *Le Mélodrame* par Paul Ginisty. Paris 1910 (pp. 19-20).

vue de la morale. Dans un *Essai sur l'état actuel des Théâtres de France*, publié anonymement en 1813,[1] les adversaires du mélodrame insistaient sur la déplorable mentalité qu'il avait crée. Il n'était pas tolérable selon eux qu'on laissât le peuple s'habituer à l'idée qu'il y avait parmi les méchants punis au dénouement tant de princes et de grands de la terre. Cela devait tendre à tuer chez le peuple le sentiment du respect. Il était d'ailleurs impolitique de souffrir qu'on présentât des personnages d'un rang élevé comme des persécuteurs. N'était-il pas d'un mauvais exemple pour le peuple de s'accoutumer à attendre leur châtiment ? En un mot, le mélodrame devenait l'école de la désobéissance.

Dans des temps plus récents, M. Brunetière s'est rangé du côté de ceux qui trouvent au mélodrame une influence pernicieuse.

" Mais la nature de ses succès ", dit-il, " et de ceux de ses émules, n'en a pas moins eu quelque chose d'assez contagieux pour inquiéter jusqu'aux pouvoirs publics et nous lisons dans un arrêté de la Commune de Paris sur la police des Théâtres : " Le grand principe de ne pas ensanglanter la scène est mis constamment en oubli, et la scène ne cesse pas d'offrir le spectacle hideux du vol et de l'assassinat. Il est à craindre que la jeunesse, habituée à de telles représentations, ne s'enhardisse à les réaliser, et ne se livre à des désordres qui causeraient sa perte et le désespoir des familles ". Je ne doute donc point, pour ma part, que les faiseurs de mélodrames, en créant dans les

---

[1] Cité par M. Ginisty dans *le Mélodrame*.

esprits une disposition générale à goûter l'invraisemblable, le merveilleux et l'horrible, ne les aient habitués à ne pas s'étonner d'entendre plus tard des " pas dans les murs ", à croire aux effets du " poison des Borgia ", et à ne frémir que modérément des quatre incestes et des deux parricides de la *Tour de Nesle ?* " [1]

Ainsi, nous avons d'une part Pixerécourt et ses amis qui croyaient très sincèrement à l'efficacité du mélodrame comme moyen d'améliorer la moralité de la foule. Mais aujourd'hui, comme du vivant de Pixerécourt, il y a des critiques de son œuvre qui croient à la pernicieuse influence du mélodrame.

Le problème est difficile à résoudre. Pour y arriver, il faut d'abord se représenter le public pour lequel Pixerécourt écrivait. C'était, ainsi que nous l'avons déjà dit, un public non lettré et prêt à accepter tout à fait au sérieux ce qu'on lui offrait ; un public qui applaudissait quand le jeune héros venait à la rescousse de l'héroïne persécutée, et qui sifflait avec énergie le traître chaque fois qu'il apparaissait en scène.

" Jadis ", nous dit M. Arréat, [2] " l'acteur qui jouait les traîtres des mélodrames de Pixerécourt devenait l'objet de l'unanime aversion du parterre ; quoique exécuté au dénouement, il survivait à son personnage, il fallait qu'il se retirât secrètement de la salle pour ne pas être maltraité à la sortie, et si l'on était plusieurs

---

[1] *Les Epoques du Théâtre,* par F. Brunetière, Paris, 1892.
[2] *La Morale dans le Drame, etc.* par L. Arréat, Paris, 1906.

semaines sans casser les vitres de sa chambre, il se désespérait d'avoir été médiocre ".

Le public de ce temps exigeait une moralité, mais une moralité simple. Il avait besoin de trouver au théâtre un appui à la conviction intime et universelle de la victoire définitive du bien. Nous avons vu que le mélodrame de Pixerécourt donne toujours raison au bien contre le mal. On peut objecter que la vie est moins consolante que Pixerécourt, et que les choses ne se passent pas toujours comme dans ses mélodrames. Mais nous pouvons être certains que si Pixerécourt avait fait un mélodrame où la vertu n'aurait pas fini par triompher avec éclat, il aurait créé un véritable tumulte dans son auditoire.

Pour nous, sa façon de concevoir la morale paraît un peu naïve. Il était pénétré de la mission moralisatrice dont il pensait être chargé, à tel point qu'il ne se doutait pas de la banalité des moyens qu'il employait. Il avait une confiance presque puérile dans le pouvoir de ses dénouements ; il avait une conviction absolue qu'à voir les crimes punis on devenait vertueux ; selon lui le spectacle d'enfants innocents ne pouvait manquer de fléchir le cœur des traîtres les plus endurcis.

Il est probable que Pixerécourt avait raison. S'il avait tenté d'enseigner une morale par des moyens plus subtils, il aurait échoué à cause de l'ignorance du public auquel il s'adressait. Nous partageons l'avis de ceux qui ont vu dans son mélodrame une bonne influence quand même cette influence ne serait probablement pas aussi forte que Nodier l'a prétendue. Il faut d'ailleurs savoir gré à Pixerécourt de ses bonnes intentions. Il a évité dans ses pièces l'adultère, le viol, l'inceste, la prostitution et tous ces crimes qui auraient pu corrompre les jeunes gens des deux sexes qui fréquentaient son théâtre. C'est là un grand mérite et qui distingue son théâtre du drame romantique. Les crimes passionnels n'y figurent point. Il n'y a pas un seul mot dans l'œuvre de Pixerécourt qui soit choquant *virginibus puerisque*.

CHAPITRE VIII

INFLUENCE DE PIXERÉCOURT
A) SUR LE MÉLODRAME EN GÉNÉRAL,
B) SUR LE DRAME ROMANTIQUE

(A) Pixerécourt a créé un genre vivant. Une foule d'imitateurs. Le triomphe du mélodrame. Sa décadence après 1830. Le mélodrame ne disparaît point. Il a sa vie à part. Il se réfugie dans les petits théâtres. Il existe aujourd'hui sous un autre nom. Le mélodrame aux Cinémas. Le mélodrame se répand tout de suite en Europe. Comment il est venu en Angleterre. Thomas Holcroft adapte Coelina en 1802. Succès actuel du mélodrame en Angleterre.

(B) Prédiction de Geoffroy. Sa réalisation. Les traits essentiels du mélodrame dans l'œuvre de Victor Hugo et d'Alexandre Dumas père. Le drame de Victor Hugo. Les traits mélodramatiques. Victor Hugo connaissait l'œuvre de Pixerécourt. Alexandre Dumas n'avoue pas sa dette. Examen de quelques-unes de ses pièces. Pixerécourt détestait le drame romantique. Dans son " Homme à Trois Visages " il a donné un modèle. Conclusion.

A

Nous avons parlé dans le chapitre précédent de l'influence morale de l'œuvre de Pixerécourt. Il est plus facile d'étudier son influence sur la littérature dramatique. Nous sommes ici en présence de faits et de témoignages certains.

Pixerécourt a créé un genre vivant. A peine eut-il écrit *Coelina* qu'il suscita un grand nombre d'imitateurs et tous écrivirent des mélodrames qui ressemblaient aux siens d'une manière frappante. Rien ne ressemble plus à un mélodrame de Pixerécourt qu'un mélodrame de Caigniez, si ce n'est un mélodrame de Ducange. Ducange et Caigniez étaient les rivaux de Pixerécourt et les petits journaux de théâtre du temps se plaisaient à répéter que si Pixerécourt était le Corneille des boulevards, Caigniez en était le Racine.

Après ces trois " rois " du mélodrame venait un certain nombre d'auteurs moins connus, parmi lesquels il suffira de citer les noms de Cuvelier, Frédéric, Benjamin Saint-Amant, Saint-Aubin, Hector Chaussier, Hapdé, Charvin, Boirie et Benjamin Antier.

Le mélodrame obtint dès 1800 un succès éclatant sur le " boulevard du Crime ", et passionnait un public chaque jour plus nombreux. Il a triomphé en France pendant au moins une trentaine d'années. On a dit que vers 1830 le public, séduit peu à peu par les attraits du romantisme, a abandonné le mélodrame. [1] Mais il ne faut pas croire que le mélodrame soit mort en France dès la victoire remportée par les Romantiques. S'il y eut une période où le mélodrame a été partiellement éclipsé par le drame romantique, il a toujours eu sa vie à part. Aujourd'hui on ne joue que rarement à Paris, sur les grands théâtres, des pièces dénommées " mélodrame ". Néanmoins, bien des pièces qu'on y représente sous une autre étiquette, ressemblent d'une manière frappante au mélodrame de Pixerécourt et de ses confrères.

[1] *Le Mélodrame* par P. Ginisty. Paris, 1910.

Pour les théâtres de banlieue et de province, la question est tout autre. Là où les spectateurs peuvent se procurer des places à des prix modiques, on les voit se précipiter en foule chaque fois qu'on y joue un mélodrame tel que *Les Deux Gosses* ou *Le Diamant Maudit*.

Car c'est le prix des places des grands théâtres de Paris qui a mis en déroute ce grand public, avide de sensations fortes, qui existait au temps de Pixerécourt, qui existe aujourd'hui, et qui existera toujours. Tant qu'il y aura un public formé d'individus non lettrés, le mélodrame fleurira en France comme ailleurs, sous une forme ou une autre. Aujourd'hui au Cinéma, nouveau théâtre du peuple, les " films " qui obtiennent le plus grand succès sont des représentations de mélodrames, accompagnée d'une musique qui sert à souligner les situations. Nous avons assisté tout récemment à Paris à des projections représentant notre ancien ami Latude !

Le mélodrame, d'origine française, s'est très vite répandu dans les autres pays d'Europe. Dès 1800 les pièces de Pixerécourt furent traduites en plusieurs langues et jouées avec succès en Angleterre, en Allemagne, en Italie, en Hollande, en Russie et en Portugal. Nous citons en appendice un certain nombre de traductions et d'adaptations de ces pièces. En faisant des recherches plus minutieuses, on pourrait sans doute allonger cette liste.

Sans suivre le développement du mélodrame dans tous les pays d'Europe, nous constatons qu'en Angleterre il n'y a pas eu de mélodrame avant 1802.

La première mention du mot mélodrame dans les ouvrages qui traitent de l'histoire du théâtre en Angleterre, se trouve dans les *Memoirs of the life of John Kemble* par James Boaden (1825).[1] L'auteur ne nous laisse aucun doute sur les origines françaises du mélodrame anglais.

" The 13th of November (1802) was to be marked with a permanent acquisition in Holcroft's *Tale of Mystery*. The *dumb* eloquence of Farley, and the *energy* of H. Johnstone, operating upon a really interesting French story, with some very speaking music by Dr Busby, rendered this melodrame[2] one of the most powerful things of its class ".[3]

Genest dans son *History of the English Stage* (1832) donne le renseignement suivant :

" *The Tale of Mystery* is a very interesting piece in 2 acts by Holcroft, professedly borrowed from the French; *it was the first of those Melo-drames* with which the stage was afterwards inundated. Though this mixture of dialogue and dumb show, accompanied by music, be an unjustifiable species of the drama, yet it must be acknowledged that some of the Melo-drames have considerable merit. The *Tale of Mystery* was the first and the best ".[4]

[1] Op. cit. T. II (p. 331).

[2] Remarquons qu'on s'est d'abord servi du mot français " mélodrame " qu'on prononçait à l'anglaise. Ce n'est que plus tard que *melodrama* a été employé par analogie avec le mot anglais *drama*.

[3] T. VII p. 579.

[4] Holcroft fit jouer son mélodrame sur le Théâtre de Covent Garden le 13 octobre 1802.

Ce Thomas Holcroft qui introduisit le mélodrame en Angleterre est un personnage intéressant. Il naquit en 1744. Fils d'un cordonnier, il exerça le métier de son père jusqu'à l'âge de 25 ans. Il conçut alors une véritable passion pour le théâtre et se fit acteur. Il suivit cette carrière pendant une douzaine d'années, mais son talent n'était que médiocre, et après le succès de sa première comédie " *Duplicity* " en 1781, il renonça à la scène et s'exerça à écrire des pièces de théâtre et des romans.[1] Il passa l'année 1801 en France, et c'est à un séjour à Paris que nous devons notre premier mélodrame anglais. Holcroft déclare dans la Préface du *Tale of Mystery* qu'il ne peut oublier la dette qu'il a contractée envers le drame français, dont il a tiré les situations essentielles, les idées et la façon de les présenter. Il aurait pu être un peu plus franc, et nous informer que sa pièce n'est' qu'une adaptation de *Cælina ou l'Enfant du Mystère*, de Guilbert de Pixerécourt.

Depuis 1802 on a joué des mélodrames sans interruption, à Londres et dans les théâtres de province anglais et même aujourd'hui il y a tout au moins deux grands théâtres consacrés à ce genre[2] sans compter d'innombrables petits théâtres de banlieue. Le mélodrame que l'on y représente aujourd'hui s'est modifié considérable ment depuis le temps où l'on jouait *Victor* et *Cælina*. Cela s'entend d'ailleurs, car le mélodrame suit de près

---

[1] Nous devons les détails sur la vie de Holcroft au *Dictionary of National Biography*.

[2] Le Théâtre Adelphi et celui de Drury-Lane.

le roman sensationnel, genre qui a pour sujet dans ces derniers temps des aventures encore plus sensationnelles par suite de toutes les inventions modernes, telles que la télégraphie sans fil, les sous-marins et même les aéroplanes. A côté de cet aspect scientifique du mélodrame moderne, on observe une tendance à écrire des mélodrames " policiers ", grâce à l'influence des romans policiers de Conan Doyle et d'autres auteurs à la mode. Jamais le mélodrame n'a été plus florissant qu'il ne l'est en ce moment en Angleterre, et il n'est pas très éloigné, par le style et par la forme, des pièces que Pixerécourt a fait représenter avec tant de succès à l'Ambigu et à la Gaîté.

B

Geoffroy, l'éminent critique des " Débats " et grand admirateur de Pixerécourt a pressenti et même prédit le triomphe du mélodrame sur la tragédie.

En 1804 il écrivit dans les Débats :

" Qu'on y prenne garde, si on s'avise d'écrire des mélodrames en vers et en français, si on a l'audace de les jouer passablement, malheur à la tragédie ! " [1]

En 1806, il dit :

" Tous ceux qui s'intéressent à la littérature et à la tragédie peuvent être fort tranquilles : on ne sait point l'art de faire des mélodrames.... Ce sont des jeunes gens qui font ces pièces.... Ils ne sont point assez barbares pour produire de l'effet ; ils ne sortent point du petit

[1] *Journal des Débats,* 18 juin 1804.

cercle des mêmes sujets et des mêmes situations. Ils n'ont point ce génie sauvage si dangereux pour l'art ; et tant qu'il n'y aura que les mélodrames du jour qui nuiront à la tragédie, je dis qu'elle est sauvée. " [1]

Et enfin en 1807, il s'écrie :

" Malheur au théâtre français, quand un homme de quelque talent et connaissant les effets de la scène, s'avisera de faire des mélodrames ! Il est vrai qu'il lui faudrait en outre des acteurs capables d'exécuter : ainsi l'on peut se rassurer. Pour que le mélodrame exerce sa maligne influence au point de paralyser la tragédie, il lui manque deux bagatelles : des auteurs et des acteurs. " [2]

La prédiction de Geoffroy s'est réalisée ; il y a eu des hommes de génie qui ont fait sous un autre titre des mélodrames : il y a eu des acteurs capables de les jouer. Les traits essentiels et caractéristiques du mélodrame se retrouvent dans le théâtre de Victor Hugo et dans celui d'Alexandre Dumas père.

Nous reconnaissons immédiatement dans les drames de Victor Hugo la mise en scène du mélodrame avec les décors et accessoires pour les machinations ténébreuses, les surprises, les duels, les combats, les enlèvements, les meurtres et les reconnaissances. [3] En faisant l'analyse des caractères, nous reconnaissons également

---

[1] *Journal des Débats,* 30 août 1806.

[2] *Journal des Débats,* 4 avril 1807.

[3] Consulter à ce sujet l'article de M. René Doumic sur " Le Mélodrame et le Drame romantique " dans *l'Histoire de la Langue et de la Littérature françaises,* T. VII.

les caractères mêmes du mélodrame. Dans *Hernani,* dans *Ruy Blas,* dans les *Burgraves* reparaissent les personnages du drame populaire de Pixerécourt. Ce sont le héros " plein de feu et de mélancolie, plein de vaillance et d'amour " ; la jeune femme " pure comme les anges, passionnément éprise et atrocement persécutée " ; le traître " noir tout entier des pieds jusqu'à la tête " ; et enfin, ainsi que le dit M. Petit de Julleville, [1] " un quatrième personnage, héritier direct du *fou* de nos vieux mystères et du *gracioso* espagnol, un personnage purement grotesque et dont la seule entrée doit exciter dans le théâtre une allégresse convenue. "

Dans l'intrigue il y a la même ressemblance. On trouve dans le drame de Victor Hugo ce manque de logique dans l'action et de vérité dans les sentiments, cette souveraineté laissée au hasard dans la conduite des événements, ce déploiement de spectacle et ce travestissement de l'histoire qui sont si caractéristiques du mélodrame.

C'est pourquoi on a souvent qualifié les drames de Victor Hugo de mélodrames littéraires. Et en effet, si l'on en retranche les tirades purement lyriques qui n'appartiennent pas au théâtre, si l'on élimine certaines scènes tragiques et puissantes, et quelques passages d'une tendresse exquise, le mot ne paraît pas exagéré. Si pendant une représentation d'*Hernani,* de *Ruy Blas,* ou même des *Burgraves,* on pouvait

[1] Le *Théâtre en France,* par L. Petit de Julleville, Paris, 1889.

fermer les oreilles et l'esprit à la musique des vers, ne se croirait-on pas en présence d'un mélodrame de l'Ambigu ou de la Gaîté ? Même *Les Burgraves,* ce drame dont les deux premiers actes sont presque entièrement épiques, se dénoue au dernier acte tout comme un mélodrame par une reconnaissance à la Pixerécourt. [1]

Que connaissait Victor Hugo du mélodrame de Pixerécourt ?

Dans *Victor Hugo raconté par un témoin de sa vie* nous trouvons ce renseignement précieux :

" Le soir même, il y avait représentation. Le dîner eut tort. Ils (les enfants Hugo) étaient au théâtre que le lustre n'était pas encore allumé. Quand on y vit clair, ils admirèrent leur loge drapée de calicot rouge à rosaces soufre..... Bientôt, l'orchestre exécuta une ouverture qui leur parut ravissante, et la toile découvrit la scène. On jouait un mélodrame de Pixerécourt *Les Ruines de Babylone.* C'était très beau.....

Heureusement que, le lendemain, on donnait la même pièce. Ce n'était pas trop d'une seconde représentation pour en apprécier tous les détails. Cette fois, les trois frères ne perdirent pas un mot du dialogue *et revinrent sachant les trois actes par cœur.*" [2]

Nous savons donc que Victor Hugo a été fortement impressionné par un mélodrame de Pixerécourt. Il est curieux de constater qu'il ne fait jamais mention du

[1] Les drames en prose de Victor Hugo, *Angelo, Marie Tudor* et *Lucrèce Borgia,* sont des mélodrames très médiocres.

[2] *Victor Hugo raconté par un témoin de sa vie,* page 100. Paris, 1889.

mélodrame ni dans la *Préface de Cromwell* ni dans ses autres préfaces, et qu'il n'avoue pas sa dette à Pixerécourt, dette qui cependant existe pour lui et pour Alexandre Dumas.

C'est M. Parigot qui la signale pour Dumas :

" Lorsque Dumas déclare dans un *mot* qui précède *Henri III* qu'il n'a rien fondé, il est modeste : quand il cite Victor Hugo, Mérimée, Vilet, Loève-Veimars il est prudent : c'est trop ou trop peu. Il oublie un nom qui importe... car il est inutile de remonter jusqu'à Sébastien Mercier ; Pixerécourt fut le précurseur du drame national et historique, voire du drame de clocher. [1]

Un article signé " G. Granier de Cassagnac " qui parut dans le *Journal des Débats* du 31 juillet 1834, très sévère pour Dumas, termine de la façon suivante:

" Dans la littérature française, si M. Dumas y occupe jamais une place, ce sera au-dessous de Sedaine, un peu au-dessus de Ducange, de M. Guilbert Pixerécourt et de M. Dinaux, qui forment avec lui la monnaie de Beaumarchais, leur père commun en fait de connaissance de la scène. Ils seront les représentants du parti du fracas dramatique contre le parti du travail, des études, du savoir et de la poésie ".

En effet, si nous examinons les pièces de Dumas, nous trouverons qu'elles ne sont que du mélodrame de construction assez ordinaire, d'une vraisemblance assez médiocre, et d'un style qui n'a rien à envier à celui de ses prédécesseurs. *Henri III et sa Cour* (1829)

---

[1] *Le Drame d'Alexandre Dumas*, par H. Parigot, Paris, 1899.

est un mélodrame historique. *Richard Darlington* (1831) est un mélodrame d'un bout à l'autre. On y trouve l'homme ambitieux qui commet tous les crimes pour parvenir à ses fins ; puis sa victime qui est sa femme, puis le personnage inconnu qui se révèle au dénouement, personnage si cher au mélodrame, personnage qui sait tout, voit tout, mène tout. La *Tour de Nesle* (1832) est un véritable mélodrame héroïque. Buridan est l'idéal du héros de mélodrame, celui qui compte toujours sur lui-même et sur le hasard. Il ne craint rien, même quand la mort le menace de près.

Antony (1831) est un mélodrame bourgeois, mais le fond de cette pièce est une histoire d'amour. Ce qui rend l'œuvre dramatique de Dumas plus proche de nous, plus intéressante, plus émouvante, c'est l'amour et la passion que Pixerécourt avait exclus avec intention de son théâtre. [1]

Pixerécourt détestait le genre romantique. Il en parle dans les termes les plus violents :

" Depuis six ans, on a produit un très grand nombre de pièces romantiques, c'est-à-dire mauvaises, dangereuses, immorales, dépourvues d'intérêt et de vérité. Eh bien ! au plus fort de ce mauvais genre, j'ai composé *Latude* avec le même goût, les mêmes idées et les mêmes principes qui m'ont dirigé pendant plus de trente ans. Cette pièce a obtenu le même succès que les anciennes... Pourquoi donc les auteurs

---

[1] Consulter au sujet de l'influence du mélodrame sur Alexandre Dumas le livre de M. Parigot déjà cité, et le *Drame Romantique* par H. Nebout. Paris, 1895.

d'aujourd'hui ne font-ils pas comme moi ? Pourquoi leurs pièces ne ressemblent-elles pas aux miennes. C'est qu'ils n'ont rien de semblable à moi, ni les idées, ni le dialogue, ni la manière de faire un plan ; c'est qu'ils n'ont ni mon cœur, ni ma sensibilité, ni ma conscience. *Ce n'est donc pas moi qui ai établi le genre romantique.*

Je le demande maintenant avec assurance, ce que l'on a fait depuis et même avant 1830 est-il semblable à ce que j'ai produit pendant les trente années précédentes ?

Il est très pénible pour moi, malade et presque aveugle, d'être dans la nécessité de toucher cette corde brûlante, mais on m'y a forcé. La question est là, les faits sont là. Je laisse au public impartial le soin de me juger ". [1]

Ce passage indique que de son vivant l'on *accusait* déjà Pixerécourt d'avoir inventé ou enfanté le genre romantique. Il nous montre également que Pixerécourt repousse avec horreur et dégoût cette paternité qui lui paraît ignoble, mais de laquelle il est responsable malgré lui.

Pixerécourt n'a-t-il pas donné dans son *Homme à Trois Visages* un modèle de la mise en scène et des personnages du romantisme ? Combien de fois depuis n'a-t-on pas revu Venise, les doges, les conspirateurs, les proscrits, et tous les personnages qui fourmillent dans ce mélodrame ? Et enfin malgré cette haine du genre romantique, il a composé vers la fin de sa

---

[1] *Dernières Réflexions sur le Mélodrame,* 1843.

carrière un mélodrame, *Alice ou les Fossoyeurs Ecossais* qui renferme toutes les horreurs de ce genre nouveau. Ne se pourrait-il pas qu'il ait tenté de satisfaire les goûts d'un public las de voir la vertu récompensée et le crime puni ?

Nous venons de résumer brièvement l'influence de Pixerécourt, influence plus importante qu'on ne l'a généralement cru. Voici les derniers mots que Pixerécourt a écrits sur le mélodrame " Je laisse au public impartial le soin de me juger ". En effet le public l'a jugé, mais d'une façon ingrate et sévère. Les critiques ont insisté sur ses défauts, qui sont pour la plupart les défauts de son temps. Ils ont certainement fermé les yeux sur ses qualités, qui sont nombreuses et qui sont bien à lui.

Nous ne nous sommes pas proposé de réhabiliter Pixerécourt. Nous avons essayé d'exposer impartialement l'œuvre d'un homme qui a eu une influence considérable sur le drame dans tout le monde civilisé, et qui ne mérite ni l'oubli dans lequel il est tombé, ni les sarcasmes d'une postérité irrévérencieuse.

APPENDICE

LISTE DES TRADUCTIONS et DES ADAPTATIONS DES MÉLODRAMES DE PIXERÉCOURT PARUES AVANT 1850.[1]

(1) VICTOR OU L'ENFANT DE LA FORÊT, 1798. (Traduit en allemand).[2]

Victor, oder der Sohn des Waldes, Schauspiel in 3 Abtheilungen, Hamburg, 1804. (Kayser, *Neues Bücher-Lexicon*, Theil 6, Leipzig, 1836).

(2) CŒLINA, OU L'ENFANT DU MYSTÈRE, 1800. (Traduit en allemand, en anglais et en hollandais selon Paul Lacroix (Voir la Notice sur *Cœlina* dans le *Théâtre Choisi*. T. I. p. 7).

* *The Tale of Mystery*, a melo-drama by Thomas Holcroft with the music by Dr. Busby. London, 1802.

(C'est le premier mélodrame joué en Angleterre.)

(3) LE PÈLERIN BLANC, 1801. (Traduit en italien, en portugais et en anglais).

Il Conte de Castelli, azione scenica spettacolosa del signor R. C. Guilbert Pixerécourt, traduzione inedita con varj cangiamenti per uso del teatro italiano del signor G. R. *In Venezia, l'anno* 1806.

* *Il Pellegrino Bianco*, dramma in tre atti di Guilbert Pizzerecourt (sic) tradotto dal Francese da Ferdinando Frascinetti, *Milano*, 1830.

---

[1] Nous avons consulté, en dressant cette liste, la bibliographie de Pixerécourt dans le livre de M. Virely. Nous y avons ajouté les pièces marquées d'un astérisque.

[2] *Victor, or the Child of the Forest*, cité par M. Virely dans sa bibliographie, est une traduction anglaise du roman de Ducray-Duminil ayant le même titre.

O Peregrino Branco, ou os Meninos da Aldêa. Drama em 3 actos, Archivo Theatral, Sociedade para a publicação dos bons dramas, na Typographia Carvalhense, *Lisboa*, 1840.

* *The Wandering Boys*, a melo-drama in three acts, the music by Mr Nicholson, (in vol.˙ III of Cumberland's "Minor Theatre"), London, 1830.

The Wandering Boys or the Castle of Olival. A romantic drama, in two acts (and in prose). Adapted from " Le Pélerin Blanc ", of Piexerécourt (sic). By J. Kerr, 1830. (Lacy's acting adition of Plays.... etc... Vol. 34. London, 1850.)

(4) L'HOMME A TROIS VISAGES, OU LE PROSCRIT DE VENISE, 1801. (Traduit en anglais).

* *The Venetian Outlaw*, translated and adapted by R. W. Elliston, London, 1805.

The Venetian Outlaw, his country's friend, a drama in 3 acts, (and in prose). By J. Powell; altered from the French. *London*, 1805.

* *Rugantino or the Bravo of Venice*. Melo-drama by M. G. Lewis. Acted with great success at Covent Garden in 1805. Music by Dr Busby. (*Biographia Dramatica*, by D. E. Baker, I. Reed and S. Jones, London, 1812).

(5) LA FEMME A DEUX MARIS, 1802. (Traduit en anglais, en italien et en russe).

Pixerecoait (sic) Guilbert. *A Wife with two Husbands* : a Melo-drama : from the French of G. P.) 1803. (Bibliotheca Britannica, by Robert Watt, M. D., Edinburgh, 1824).

The Wife of two Husbands, a musical drama, in three acts (transl. from the French of G. de P.) by J. Cobb. London, 1803. (Cette pièce eut trois éditions pendant la même année 1803).

The Wife with two Husbands, a tragi-comedy in 3 acts (and in prose) translated from the French (of R. C. G. de P.) by Miss [Elizabeth] Gunning. London, 1803.

La Moglie di due mariti, dramma del signor R. C. Guilbert Pixe-récourt, traduzione inedita di Bartolomeo Benincasa. *In Venezia, l'anno* 1804.

On lit dans les *Archives littéraires*, 1803, l'article suivant :

" La traduction de la *Femme à deux Maris* par Cobb vient d'obtenir à Londres le succès le plus complet, non pas chez M. Astley, ni au Cirque, mais sur le Théâtre royal de Drury-Lane, où elle a été représentée pour la première fois, le premier novembre... Un journal italien a annoncé, il y a six mois que la *Femme à deux Maris* avait été traduite en italien et joué à Milan et à Turin avec le plus grand succès. Des lettres de Pétersbourg ont appris, et le fait a été confirmé à Paris par M. Kotzebue, que la *Femme à deux Maris* était traduite en russe et joué avec un succès complet ".

(6) LES MINES DE POLOGNE, 1803.

Dans une notice sur les *Mines de Pologne* par Bouilly (*Théâtre choisi*, T. I. p. 342) on lit que cette pièce fut traduite en italien, en anglais, en polonais et en allemand et il ajoute :

" Kotzebue, dans ses *Souvenirs de Paris*, déclare que l'auteur des *Mines de Pologne* y a fait preuve d'une grande richesse d'imagination.

Ce fut d'après ces éloges mérités, que l'Empereur d'Autriche fit venir à Vienne notre célèbre compositeur Chérubini, pour composer la musique de cette pièce, qui fut représentée sous le titre de *Faniska*." [1]

(7) TÉKÉLI, OU LE SIÈGE DE MONTGATZ, 1804.
(Traduit en anglais).

Tekeli, or the Siege of Montgatz, a Melo-drama by Theodore Edward Hook, London, 1806. (Bibliotheca Britannica, etc. Edinburgh, 1824).

(8) LA FORTERESSE DU DANUBE, 1805. (Traduit en italien et en anglais).

[1] A Vienne, le 25 février 1806.

La Fortezza del Danubio, dramma del signor R. C. Guilbert de Pixerécourt, traduzione inedita di Giovanni Piazza. *In Venezia, l'anno* 1806.

The Fortress, a Melo-drama by T. E. Hook, London, 1807. (Bibliotheca Britannica, etc. Edinburgh, 1824).

(9) LA CITERNE, 1809. (Traduit en hollandais).

Clara en Seraphina, of de Spelonk op het eiland Majorka : tooneelspel Guilbert Pixerécourts *Citerne*, vry gevolgd, door C. Al. van Ray, Amsterdam, 1812. (Bibliographie de l'Empire français, p. 716, 6 novembre 1812.)

(10) MARGUERITE D'ANJOU, 1810. (Traduit en italien).

" *Marguerite d'Anjou* traduite en italien et mise en musique par Meyerbeer a été représentée dans différentes villes d'Italie, et par suite au théâtre de l'Odéon, ainsi que sur tous les grands théâtres de France (Note de Pixerécourt, *Théâtre choisi*, T. II, p. 581). "

* *Margherita d'Anjou*, melodramma semiserio in due atti da rappresentarsi nell' Imperiale Regio Teatro alla Scala. (Paroles de F. Romani, musique de G. Meyerbeer). *Milano*, 1820. Cette pièce fut réimprimée à Milan en 1826.

* *Margherita d'Anjou*, Ballo storico in cinque atti inventato da Antonio Cherubini, *Brescia*, [1827].

(11) LE PRÉCIPICE OU LES FORGES DE NORWÈGE, 1811. (Traduit en hollandais).

De Afgrond of de Smederijen van Noorwegen, tooneelspel. Vry gevolgd naar het fransch, van R. C. Guilbert Pixericourt (sic) ; door D. J. Kamphuizen. Amsterdam, 1812. (Bibliographie de l'Empire français, p. 693, 23 octobre 1812.)

(12) LE CHIEN DE MONTARGIS, 1814. (Traduit en allemand et en anglais).

* *The Forest of Bondy or the Dog of Montargis*, acted at Covent Garden on September 30th, 1815. A melo-drama by Henry

Harris. (Cf. History of the English Stage, vol. 8, p. 473, by John Genest, Bath, 1832).

Extrait du *Gaulois* — 25 février 1907 :

" On vient de découvrir, dans la bibliothèque des théâtres royaux, un manuscrit qu'on croyait perdu depuis longtemps. Il s'agit du manuscrit de *Der Hund des Aubri* qui n'est que la traduction du *Chien de Montargis* de Pixerécourt ".

" C'est cette pièce qui a motivé, en 1817, la démission de Gœthe comme intendant au théâtre de Weimar. Gœthe ne voulait à aucun prix qu'un chien — le rôle était "tenu" par un loulou de Poméranie appartenant à un auteur du nom de Kastel [Karsten] — foulât de ses pattes la scène classique de Weimar, quoique le mélodrame eût été joué auparavant après avoir fait le tour de l'Autriche, au théâtre royal de Berlin. "[1]

(13) LE MONASTÈRE ABANDONNÉ, 1816 (Traduit en portugais).

O Mosteiro Abandonado, ou A Maledição Paterna. Drama em tres actos por M. Gilberto Pixerécourt. Archivo Theatral, Sociedade para a publicação dos bons dramas, na Typographia do Archivo Theatral, Lisboa, 1844.

(14) VALENTINE OU LA SÉDUCTION, 1822. (Traduit en anglais).

* *Adeline or the Victim of Seduction*, a melo-drama by Howard Payne, London, 1822. (Cf. Genest's History of the English Stage, vol. IX, p. 147. Bath, 1832).

(15) POLDER OU LE BOURREAU D'AMSTERDAM, 1828. (Traduit en allemand et en portugais).

Polder der Scharfrichter von Amsterdam oder die Macht des Vorurtheils, Schauspiel in drei Abtheilungen. Nach dem Französischen der Herren von Pixerécourt und Victor Ducange von E. D'oench. *Liegnitz*, 1833. (Kayser, *Neues Bücher-Lexicon*, Theil 8, Leipzig, 1842.)

---

[1] Consulter pour plus de détails *Goethe, sein Leben und seine Werke*, par Albert Vielschowsky, t. II, p. 178, Munich, 1904.

Polder, ou o Carrasco d'Amsterdam : drama em 3 actos e
6 quadros. Archivo Theatral, Sociedade para a publicação dos
bons dramas, na Typographia Carvalhense, Lisboa, 1840.

(16) LA PESTE DE MARSEILLE, 1828. (Traduit en anglais).

* *The Pestilence of Marseilles or the Four Thieves*, a Melo-drama
in 3 acts by W. T. Moncrieff. London, 1829.

(17) LATUDE OU TRENTE-CINQ ANS DE CAPTIVITÉ,
1834. (Traduit en portugais).

Latude, ou Trinta e cinco Annos de Captiveiro. Drama historico em
3 actos e 5 quadros precidido de un Prologo. Archivo
Theatral etc... Lisboa, 1839.

Nous devons ajouter aux traductions et adaptations mentionnées
ci-dessus, les deux collections suivantes qui aident à montrer
quelle fut la vogue des pièces de Pixerécourt.

Nouvelle bibliothèque théâtrale, ou choix de bonnes pièces jouées
avec succès sur les théâtres de Paris. Saint Pétersbourg, A.
Pluchard et Cie, 1811, in-8°. (Ce recueil contient, selon le
Catalogue de Soleinne, *La Forêt de Sicile* de Pixerécourt).

Collection de pièces de théâtre jouées avec succès depuis quelques
années à Paris. Brunswick, 1805, 4 vol. in-8 (Ce recueil
contient, selon le Catalogue de Soleinne, *l'Homme à trois
Visages* de Pixerécourt).

Ajoutons aussi que dans le " tableau chronologique " qui précède
les œuvres de Pixerécourt dans son *Théâtre Choisi* il dit :
" cette pièce a été traduite en plusieurs langues ", pour les
mélodrames suivants dont nous n'avons pas pu trouver les
traductions :

Robinson Crusoë (1805) — *Les Ruines de Babylone* (1810) —
Charles le Téméraire (1814) — *Le Belvéder* (1818) — *La
Fille de l'Exilé* (1819) — *Le Mont Sauvage* (1821) et *La
Tête de Mort* (1827).

BIBLIOGRAPHIE

PAR ORDRE ALPHABÉTIQUE D'AUTEURS

(SUIVIE D'UNE LISTE DES COLLECTIONS, CATALOGUES, RECUEILS, ET OUVRAGES PÉRIODIQUES CONSULTÉS.)

A

A ! A ! A !
Traité du Mélodrame, par MM. A ! A ! A ! (Abel Hugo, Armand Malitourne, Jean Ader) Paris, 1817.

ALBERT (MAURICE)
Les Théâtres de la Foire (1660-1789), Paris, 1900.

Les Théâtres des Boulevards, (1789-1848), Paris, 1902.

ALBY (RENÉ)
Article sur Pixerécourt dans la *Biographie universelle* de Michaud, Paris, 1857.

ARNAULT (ANTOINE VINCENT)
Mélidore et Phrosine, drame lyrique en 3 actes, représenté pour la première fois sur le théâtre lyrique de la rue Favart, le 6 avril, 1794.

ARRÉAT (LUCIEN)
La Morale dans le Drame, l'Epopée et le Roman, troisième édition revue, Paris, 1906.

AUBIN (LÉON)
Histoire de la Musique dramatique en France. Le drame lyrique, Tours, 1908.

B

BALDENSPERGER (FERNAND)   *Le Moine de Lewis dans la littérature
française*, dans le Journal of Comparative
Literature, Vol. I, n° 3. New York, 1903.

BEAULIEU (HENRI)   *Les Théâtres du Boulevard du Crime*, Paris,
1905.

BEAUMARCHAIS (P. A. CARON DE)   *Théâtre complet*, Paris, 1867-71.
Préface d'Eugénie, Paris, 1769.

BONEL (P. G. A.)   *Bizarre ou Ça n'est pas l' Pérou*, bizarrerie en
un acte, ornée de combats, danses, jeux,
marches et tout ce que l'on voudra, par
MM. Bonel, Villiers et Jore fils, Paris, 1803.

BOURQUELOT (LOUIS-FÉLIX)   *La Littérature française contemporaine*,
Paris, 1842-57.

BOYÉ (PIERRE)   Article ' *Pixerécourt* ' dans la Grande Encyclopédie.

BRAZIER (NICOLAS)   *Chronique des Petits Théâtres de Paris*. Édition
G. d'Heylli. Paris, 1883.

BRISSON (ADOLPHE)   *Le Théâtre et les Mœurs*, Paris, 1907.

BRUNETIÈRE (FERDINAND)   *Les Epoques du Théâtre Français*, (1636-
1850), Paris, 1892.

C

CAMPARDON (EMILE)   *Les Spectacles de la Foire*, Paris, Nancy, 1877.

CASSAGNAC (GRANIER DE)   Article dans le *Journal des Débats*, Paris,
30 juillet 1834.

CHARLEMAGNE (ARMAND)   *Le Mélodrame aux Boulevards*, facétie
historique et dramatique par Placide le Vieux.
Paris, 1809.

CHASTELLUX (FRANÇOIS JEAN DE)   *Essai sur l'Union de la Poésie et
de la Musique*, La Haye, 1765.

Observations sur un ouvrage nouveau [par L. Garcin], intitulé : *Traité du Mélo-drame, ou Réflexions sur la musique dramatique*, Paris, 1772.

COLLÉ (CHARLES) *Journal et Mémoires* (1748-1772), Paris, 1868.

CONSTANT (BENJAMIN) *Wallstein* (sic.) tragédie en 5 actes et en vers (imitée de l'allemand de Schiller) précédée de quelques réflexions sur le théâtre allemand, Genève, 1809.

Mélanges de Littérature et de Politique, Paris, 1829.

CUVELIER DE TRYE *C'est le Diable ou la Bohémienne*, drame en 5 actes à grand spectacle, Paris, 1798.

D

DEFOE (DANIEL) *La Vie et Aventures surprenantes de Robinson Crusoë*, traduit par Garnier, Amsterdam, 1727.

DORVO (HYACINTHE) *Elisabeth ou les Exilés en Sybérie* (sic) Paris, 1806.

DOUMIC (RENÉ) *Le Mélodrame et le Théâtre romantique* dans *l'Histoire de la Littérature française*, de Petit de Julleville, T.VII, pp. 369-392, Paris, 1889.

DUCRAY-DUMINIL (FRANÇOIS GUILLAUME) *Victor ou l'Enfant de la Forêt*, Paris, 1797.

Coelina ou l'Enfant de Mystère, Paris, 1798.

Les Petits Orphelins du Hameau, Paris, 1800.

Paul ou la Ferme Abandonnée, Paris, 1800.

Le Petit Carillonneur, Paris, 1809.

DUMANIANT (ANDRÉ JOSEPH) & THURING (HENRI JOSEPH) *Hugo Grotius*, fait historique en 3 actes, traduit et arrangé de Kotzebue, Paris, 1804.

Dumas (Alexandre, Père) *Théâtre Complet*, Paris, 1863-74. (Voir aussi sous Parigot.)

Duval (Alexandre-Vincent Pineux) *Charles II*, comédie en 3 actes et en prose, précédée d'une Notice sur l'état des théâtres, Paris, 1818.

E

• Expilly (Claude)   *Plaidoyer sur l'édit des duels*, Paris, 1608.

F

Faguet (Emile)   *Le Dix-Huitième Siècle*, septième édition. Paris, 1890.

Propos de Théâtre, deuxième année, Paris, 1905.

Fayolle (François Joseph Marie) & Choron (Alexandre Etienne) *Dictionnaire historique des Musiciens, etc.* Paris, 1810-1811.

Florian (Jean Pierre Claris de) *Galathée*, comédie-pantomime, Paris, 1785.

Gonzalve de Cordoue, Paris, 1791.

Œuvres inédites recueillies par Pixerécourt, Paris, 1824.

Fontaine (Léon)   *Le Théâtre et la Philosophie au XVIIIe Siècle*, Versailles, 1879.

G

Gaiffe (Félix)   *Etude sur le Drame en France au XVIIIe Siècle*, Paris, 1910.

Galland (Antoine)   *Les Mille et une Nuits*, Paris, 1714, etc.

Garcin (Laurent)   *Traité du Mélo-Drame ou réflexions sur la Musique Dramatique*, Paris, 1772.

BIBLIOGRAPHIE 245

GEOFFROY (JULIEN LOUIS) *Cours de Littérature dramatique*, 2ᵉ éd. Paris, 1825.

GENEST (JOHN) *A History of the English Stage*, Bath, 1832.

GINISTY (PAUL) *Le Mélodrame*, Paris, 1910.

La Féerie, Paris, 1910.

GODWIN (WILLIAM) *Les Aventures de Caleb Williams*, traduit de l'anglais par Garnier, Paris, 1796.

GOETHE (JOHANN WOLFGANG VON) *Traduction des Œuvres*, par J. Porchat, Paris, 1861-63.

GRANGES (CHARLES MARC DES) *Geoffroy et la Critique dramatique sous le Consulat et l'Empire*, (1800-1814), Paris, 1897.

GRENIER (ANDRÉ) *Un auteur dramatique nancéen*, Nancy, 1901.

GRIMM (FRIEDRICH MELCHIOR) *Correspondence littéraire*. Notices, notes, table générale par M. Tourneux, Paris, 1877-1882.

GRIMOD DE LA REYNIÈRE. *Discours préliminaires au Censeur dramatique*, T. I, Paris, 1797.

GUESSARD (FRANÇOIS) *Macaire*, chanson de geste, dans la Bibliothèque de l'Ecole des Chartes, 5ᵉ série, Paris, 1864.

Macaire, chanson de geste, dans les Anciens Poètes de la France, T. IX, Paris, 1866.

GUIZOT (FRANÇOIS PIERRE GUILLAUME) *Préface aux Œuvres complètes de William Shakespeare*, traduites par Pierre Letourneur, Paris, 1821.

H

HALDAT (ANTOINE DE) *Discours* prononcé par Monsieur de Haldat sur la tombe de M. Guilbert de Pixerécourt (Journal de la Meurthe et des Vosges) 31 juillet 1844.

Hatin (Eugène)   *Histoire Politique et Littéraire de la Presse en France*, Paris, 1859-61.

Bibliographie Historique et Critique de la Presse périodique française, Paris, 1866.

Héquet (Jules)   *Notice* sur Pixerécourt, Nancy, 1865.

Hoefer (Johann Christian Ferdinand) *Nouvelle Biographie générale*, (article *Guilbert de Pixerécourt*). Firmin Didot, Paris, 1855-1866.

Holberg (Louis)   *Le Théâtre Danois*, traduit par Fursman, Copenhague, 1746.

• Hugo (Victor)   *Préface de Cromwell*, édition de M. Souriau, Paris, 1897.

Victor Hugo raconté par un témoin de sa vie, Paris, 1889.

I

Istel (Edgar)   *Jean Jacques Rousseau als Komponist seiner lyrischen Scene " Pygmalion "*, Leipzig, 1901.

J

Janin (Jules)   *Histoire de la Littérature dramatique*, T. IV, pp. 308-320, Paris, 1854.

Critique dramatique, Paris, 1858.

• *Guilbert de Pixerécourt* (Journal des Débats), 19 août 1844 et 1er février 1862.

Joret (Charles)   *Des rapports intellectuels et littéraires de la France avec l'Allemagne avant 1789*, Paris, 1884.

Julleville (L. Petit de)   *Le Théâtre en France*, Paris, 1890.

L

LACROIX (PAUL) (Le Bibliophile Jacob) *Guilbert de Pixerécourt*, (Extrait du *Bibliophile français*, 1ᵉʳ février et 1ᵉʳ mars 1869), Paris, 1869.

• *Catalogue de la Bibliothèque dramatique de M. de Soleinne*, Paris, 1843-45.

LA HARPE (JEAN FRANÇOIS DE) *Les Barmécides*, tragédie en 5 actes et en vers, Paris, 1778.

LAMARTELLIÈRE (JEAN HENRI FERDINAND) *Robert, Chef des Brigands*, drame en 5 actes, imité de l'allemand, Paris, 1792. (Voir aussi sous ZSCHOKKE.)

LANSON (GUSTAVE) *Nivelle de la Chaussée et la Comédie larmoyante*, Paris, 1887.

Histoire de la Littérature française, 11ᵉ édition, Paris, 1896.

• *Revue Universitaire*, (Critique du drame d'Alexandre Dumas par H. Parigot), p. 488, Paris, 1898.

Manuel Bibliographique de la littérature française moderne, Paris, 1909.

• LAYA (JEAN LOUIS) *Falkland ou la Conscience*, drame en cinq actes, Paris, 1821.

LE BRETON (ANDRÉ) *Balzac, l'Homme et l'Œuvre*, Paris, 1905.

LEMAIRE (HENRY) *Coelina ou l'Enfant du Mystère*, drame en 3 actes en prose, Paris, 1801.

LEMAÎTRE (JULES) *Introduction au Théâtre d'Alfred de Musset*, Paris, 1891.

Théories et Impressions, Paris, 1904.

LOAISEL DE TRÉOGATE (JOSEPH MARIE) *La Forêt périlleuse ou les Brigands de la Calabre*, drame en 3 actes et en prose, Paris, 1797.

Lunel (Ernest)   *Le Théâtre et la Révolution*, Paris, 1909.

M

Manne (E. D. de) & Menétrier (Charles) *Galerie Historique de la Troupe de Nicolet*, Paris, 1869.

• Marsan (Jules)   *Le Mélodrame de G. de Pixerécourt*, dans la *Revue d'Histoire Littéraire de la France*, n° 1, 7ᵉ année, 15 avril, Paris, 1900.

• Matthews (John Brander)   *French Dramatists of the 19th century*, London, 1882.

Mercier (Louis Sébastien)   *Du Théâtre, ou Nouvel Essai sur l'Art Dramatique*, Amsterdam, 1773.

          Théâtre, Amsterdam, 1778-1784.

Michaut (Gustave)   *Le Génie latin*, Paris, 1900.

          • *Sur les tréteaux latins*, Paris, 1912.

Michiels (Joseph Alfred Xavier)   *Histoire des Idées littéraires du 19ᵉ siècle et de leurs origines dans les siècles antérieurs*, Paris, 1862.

Montfaucon (Bernard de)   *Les Monumens de la Monarchie françoise*, Paris, 1729-1733.

N

Nebout (Pierre)   *Le Drame romantique*, Paris, 1895.

• Neukomm (Edmond) & Bertin (Georges) *Tricolor Marc et son ami Pixerécourt*, article de la *Revue Bleue*, T. 11, p. 334-338, 1894.

Nodier (Charles)   *Jean Sbogar*, Paris, 1818.

          • *Du mouvement intellectuel et littéraire sous le Directoire et le Consulat*, Revue de Paris, T. IX, Paris, juillet 1835.

Catalogue des Livres de la Bibliothèque de G. de Pixerécourt, Paris, 1838.

.*Théâtre choisi de Guilbert de Pixerécourt*, 4 vol. Paris, Nancy, 1841-43.

.*Réflexions à propos de la vente de la Bibliothèque de G. de Pixerécourt*, Paris, 1846.

O

OLIPHANT (MARGARET) *The Literary history of England at the end of the 18th and the beginning of the 19th century*, London, 1882.

P

PARIGOT (HIPPOLYTE) *Le Drame d'Alexandre Dumas*, pp. 114-121, Paris, 1899.

PARIS (GASTON) *Histoire poétique de Charlemagne*, 1ère édition, Paris, 1865.

PIXERÉCOURT [1] (RENÉ CHARLES GUILBERT DE) *Œuvres Complètes*, Paris chez Barba, 1796-1838.

Théâtre choisi, (voir sous Nodier, Charles).

Almanach des Spectacles de Paris, ou *Calendrier Historique et Chronologique des Théâtres*, l'an XI de la République, Paris.

Guerre au Mélodrame !!!, chez Delaunay, Paris, 1818.

Le Mélodrame, article publié dans *Paris ou le Livre des Cent-et-un*, T. VI, pp. 319-352, Paris, 1832.

---

[1] M. André Virely dans le livre cité ci-dessous a dressé une bibliographie très soignée des œuvres de Pixerécourt, à laquelle il serait difficile d'ajouter.

250   **BIBLIOGRAPHIE**

PETITOT (CLAUDE BERNARD) *Répertoire du Théâtre françois*, Paris, 1819-1820.

POUGIN (ARTHUR) *Dictionnaire historique et pittoresque du Théâtre*, Firmin Didot, Paris, 1885.

PRÉVOST (ANTOINE FRANÇOIS) *Vie de Marguerite d'Anjou*, Amsterdam, 1756.

Q

QUÉRARD (JOSEPH MARIE) *La France littéraire*, Paris, 1826-1839.

R

REYMOND (WILLIAM) *Corneille, Shakespeare et Goethe*, étude sur l'influence anglo-germanique en France, Berlin, 1864.

ROCHEFORT (CLAUDE LOUIS MARIE DE) *Mémoires d'un Vaudevilliste*, Paris, 1863.

ROLLAND (ROMAIN) *Le Théâtre du Peuple*, Paris, 1903.

ROUSSEAU (JEAN JACQUES) *Lettre à M. le docteur Burney sur la Musique*, Paris, 1766.

Fragmens d'observations sur l' "Alceste" italien de M. le Chevalier Gluck, 1766.

Dictionnaire de Musique, Paris, 1768.

Pygmalion, scène lyrique, Paris, 1775.

(Voir aussi sous ISTEL.)

S

SAINT-ALLAIS (NICOLAS VITON DE) *Nobiliaire Universel de France ou recueil général des maisons nobles de ce royaume*, Paris, 1818. Réimpression de 1876.

SAINT FOIX (GERMAIN FRANÇOIS POULLAIN DE) *Essais historiques de Paris*, Paris, 1754-1757.

SAINT MARC GIRARDIN *Cours de littérature dramatique*, 7ᵉ édition, Paris, 1860.

SAINTE-PALAYE DE LA CURNE (JEAN BAPTISTE DE) *Mémoire de l'ancienne Chevalerie*, Paris, 1759-81.

SCHLEGEL (AUGUST WILHELM VON) *Cours de Littérature dramatique*, traduit de l'allemand par Mᵐᵉ Necker, Paris, 1836.

SCOTT (SIR WALTER) *The Abbot*, Edinburgh, 1820.

SÉCHÉ (ALPHONSE) & BERTAUT (JULES) *L'évolution du Théâtre contemporain*, Paris, 1908.

SEDAINE (MICHEL JEAN) *Œuvres choisies*, Paris, 1813.

SOURIAU (MAURICE) *De la convention dans la Tragédie classique et dans le Drame romantique*, Paris, 1885. (Voir aussi sous HUGO.)

SOLEINNE (DE) (Voir sous LACROIX Paul.)

T

THIEME (HUGO PAUL) *Bibliographie de la Littérature française au 19ᵉ siècle*, Paris, 1907.

TOURNEUX (MAURICE) *Bibliographie de l'histoire de Paris pendant la Révolution française*, Paris, 1900.

V

VIOLLET LE DUC (EMMANUEL LOUIS NICOLAS) *Précis de Dramatique ou de l'Art de composer et exécuter les pièces de théâtre*, Paris, 1825.

VIRELY (ANDRÉ) *René Charles Guilbert de Pixerécourt*, (1773-1844), Paris, chez Edouard Rahir, Librairie de la Société des Bibliophiles français, 1909.

W

Werner (Friedrich Ludwig Zacharias) *Le Vingt-quatre Février*, traduit de l'allemand par le Comte de Saint-Aulaire, Paris, 1780.

Z

Zschokke (Johann Heinrich Daniel) *Abélino*, traduit par Lamartellière, Paris, 1800.

LISTE

DE COLLECTIONS, CATALOGUES ET RECUEILS CONSULTÉS

Bibliothèque de M. Guilbert de Pixerécourt... avec des notes littéraires et bibliographiques de MM. Charles Nodier et Paul Lacroix. Paris, 1839.

Catalogue Général des Œuvres du répertoire de la Société des auteurs et compositeurs dramatiques. Paris, Guyot et Peragallo, 1863.

Calendrier Historique des Théâtres de l'Opéra et des Comédies Française et Italienne et des Foires. Paris, 1752-1815, 48 vol. in-24 et in-12 (La 44me partie parut sous le titre d'*Almanach des Spectacles de Paris* en 1800. Elle parut l'année suivante, rédigée par Pixerécourt en deux volumes).

Choix de petits Romans de différents genres par M. L. M. D. P. (Le marquis de Paulmy) Londres, 1789.

Collections de Romans et Contes imités de l'Anglais par de la Place. Paris, Cussac, 1778.

Recueil de Romans Historiques (Publié par Lenglet-Dufresnoy), Londres, Paris, 1748.

LISTE
D'OUVRAGES PÉRIODIQUES CONSULTÉS

Le Courrier des Spectacles
Le Journal d'Indications
Les Petites Affiches
L'Observateur des Arts
Le Journal des Arts
La Gazette de France
L'Observateur des Spectacles
Le Journal de l'Empire
Le Journal de Paris
Le Courrier de l'Europe
La Gazette de France
Le Journal des Débats
Le Drapeau Blanc

La Quotidienne
Les Affiches Parisiennes
Le Miroir
Le Figaro
Le Voleur
Le Feuilleton du Foyer
Le Journal du Soir
Le Journal de la Meurthe
Le Théâtre de Nancy
Le Journal du Commerce
Le Publiciste
Le Mercure de France

Ce sont les ouvrages périodiques et journaux de 1796 à 1840 que nous avons consultés pour les notices des mélodrames de Pixerécourt et d'autres, le lendemain de leur représentation.

INDEX

ALPHABÉTIQUE DES PRINCIPAUX AUTEURS ET OUVRAGES CITÉS

TABLE DES MATIÈRES

CHAPITRE III

L'Œuvre mélodramatique de Pixerécourt

CHAPITRE IV

CHAPITRE V

CHAPITRE VI

La technique de Pixerécourt

CHAPITRE VII

La moralité du mélodrame de Pixerécourt

CHAPITRE VIII

Influence de Pixerécourt. a) Sur le mélodrame en général.
b) Sur le drame romantique

ERRATA

p. 22, ligne 9,   *ajoutez une virgule après* Nancy

p. 25, ligne 21,   *au lieu de :* en   *lisez :* à

p. 40, ligne 9,   „   1766   „   1767

p. 40, ligne 19,   „   on réunissait   „   on réunirait

p. 72, note 1,   „   Assenzat   „   Assézat

p. 79, note 1,   „   minodrame   „   mimodrame

p. 90, ligne 24,   „   Sergeant   „   Sergent

p. 91,   *après* : Le Moulin des Etangs, 1826, *ajoutez* : Polder ou
le Bourreau d'Amsterdam, 1829.

p. 116, ligne 14, *au lieu de :* 1780   *lisez :* 1815

p. 122, ligne 23,   „   Sources   „   sources

p. 169, ligne 22,   „   elle   „   elles

p. 192, ligne 5,   „   coups du théâtre „   coups de théâtre

p. 193, en tête,   „   UNITES   „   UNITÉS

p. 204, ligne 28,   „   ne   „   et

p. 205, ligne 2,   „   de   „   et

p. 206, note 1,   „   même   „   mêmes

p. 207, ligne 12,   „   connaitras   „   connaîtras

p. 208, ligne 17,   „   le   „   la

p. 216, ligne 4,   „   crée   „   créée

p. 231, en note,   „   H. Nebout   „   P. Nebout

p. 239, ligne 11,   „   auteur   „   acteur

p. 252, ligne 3,   „   1780   „   1815

p. 256, *ajoutez* : Cronegk, J. F. von, 82.

ACHEVÉ D'IMPRIMER LE QUINZE
OCTOBRE MIL NEUF CENT DOUZE PAR
“ THE ST. CATHERINE PRESS LTD. ”
QUAI ST. PIERRE, BRUGES BELGIQUE

9 782329 558417